前 言

U0960313

习近平总书记在党的十九大报告中明确要求“坚持陆海统筹，加快建设海洋强国”。渔业作为海洋经济中的一个不容忽视的重要产业，在现代社会国民经济中的地位和作用日益瞩目，为保障农产品供给和国家食物安全、增加农民收入、繁荣农村经济、建设社会主义新农村做出了重要贡献。

渔业生产是人类最早的产业行为，更是典型的高风险行业，不仅受到自然条件的限制和影响，而且极易因自然灾害和意外事故造成严重的经济损失和人员伤亡。为了转移和化解渔业生产风险，保障渔业生产稳定发展，1994年在农业部主导下，作为第一家全国性农业互助保险组织的中国渔船船东互保协会（2007年更名为中国渔业互保协会）应运而生，扛起了构建中国渔业风险保障体系的大旗。24年来，我们通过“保大又保小、保钢又保木、保远又保近”的承保政策，采取“主动、迅速、准确、合理”的理赔原则，每年承保捕捞渔船近7万艘、作业渔民超过80万人，覆盖作业区域包括所有沿海、近海、远海和大江大湖。

《中国渔业船舶安全分析报告（1994—2015）》是对渔业互助保险积累的大量渔民渔船事故案例和统计数据的系统分析，同时也是“大数据”时代对工作的延续与传承。2004年、2007年和2009年，我们分别出版了《中国渔船安全分析报告》、《中国渔船安全分析报告（1999—2005）》和《中国渔船安全分析报告（1999—2008）》以及《中国渔船船员死亡事故分析报告（2006—2007）》，引起相关领域领导和同仁的关注。报告中的一些数据和结论被引用到政府部门报告、学术论文中，并被应用于安全生产培训。

本分析报告是站在之前研究成果上，把时间跨度拓展到1994—2015年这22年间，将为渔业防灾减灾政策的制订和调整提供科学的数据支撑，也是对以协会方式运作的中国渔业互助保险二十多年业务工作的回顾、梳理和总结。

《中国渔业船舶安全分析报告（1994—2015）》是对社会的感恩与回馈。中国渔业互助保险从无到有、从小到大，得到了政府有关部门和社会各界的关心和帮助，尤其是得到了广大渔民会员的拥护和支持。我们感到渔业互助保险不仅要发挥好经济补偿的功能，更要发挥好参与社会管理的功能。2016年12月18日，《中共中央　国务院关于推进安全生产领域改革发展的意见》印发，首次明确将渔业生产列入八个高危行业领域之一。我们有责任、有义务将多年积累的统计数据提供出来，为渔业作为高危行业的安全生产管理和防灾减灾工作提供依据，服务于国家治理体系和治理能力现代化。

本分析报告的重要结论，近十年渔民事故发生率总体呈现下降趋势，渔民船上作业死亡率为十万分之九十三，接近美国渔民及渔业从业人员十万分之八十六的死亡率。换而言之，中国的渔业安全管理水平已经接近或达到发达国家的标准，这足以让一直以来坚守在渔业安全生产管理战线的同事们感到欣慰！

本分析报告的编制，得到了农业农村部渔业渔政管理局和有关省市渔业行政主管部门的指导和帮助，各省市区渔业互保机构提供了翔实的基础数据，相关业内外专家提出了宝贵意见和建议，协会理赔部和统计部为此做了大量的工作，尤其是连文超同志作为主要执笔人付出了辛勤努力，在此一并致谢！

最后，衷心感谢李健华理事长和王朝华主席的信任和支持！感谢现在曾经奋斗在渔业互保战线上的领导和同志们做出的无私奉献！

未来，渔业互助保险系统将继续为海洋强国的建设、渔业的绿色平安可持续发展，作出我们应有的贡献。

杨　斌

2018年10月28日

目　录

1

分析报告有关说明

1 分析报告有关说明

1.1 数据来源

本分析报告的数据来源于中国渔业互保协会（以下简称“协会”）综合业务系统中存储的1994—2017年共24年的渔业船舶（以下简称“渔船”）和渔民互助保险的业务数据。其中，承保数据截取的时间跨度为1994—2015年；事故数据全部来源于已经调查处理完毕的事故理赔案件。

1.2 数据分析分类方法

本报告分析数据按渔船和渔民分为两大类，参考官方有关文件对渔船事故处理规定和世界各国渔船海损事故分析资料的分类方法，制定具体分类方法。

1.2.1 渔船事故分析分类方法

渔船材质：钢质，木质，其他材质。

渔船船龄：5年及以下，5年以上但10年及以下，10年以上但15年及以下，15年以上但20年及以下，20年以上，其他不明船龄。

渔船主机功率：60马力（44.1千瓦）及以下，60马力（44.1千瓦）以上但200马力（147千瓦）及以下，200马力（147千瓦）以上但600马力（441千瓦）及以下，600马力（441千瓦）以上，其他不明主机功率。

渔船事故种类：碰撞，触损，触礁，搁浅，风灾，火灾，自沉，失踪，单独机损，涉外抓扣，爆炸，雷击，其他。

渔船事故损失程度：全部损失（包括实际全损和推定全损，下同），部分损失。

渔船事故原因：操纵不当，瞭望疏忽，走锚，机械设备故障，违规锚泊，能见度不良，冲滩（人为搁浅），定位失误，电器设备起火（包括线路），机舱失火，油管漏油，油柜溢油，他船引燃，生活用火，修理用火，吸烟，机舱进水，舱室进水，甲板积水，配载不当，设计制造不合要求，浪损，恶劣海况，被不明船舶撞损，其他。

1.2.2 渔民事故分析分类方法

渔民事故种类：船上作业事故，修船期间事故，陆上事故，水上交通事故，其他。

渔民事故损害程度：死亡，伤残，受伤。

渔民事故原因：落水，物体打击，摔倒，起网（重）伤害，机械伤害，坠落，中毒和窒息，烧伤，触电，淹溺，碰撞，触损，搁浅，自沉，火灾，触礁，风灾，抓扣事故，其他。

1.3 分析报告的数据基础

1.3.1 渔船事故分析的数据基础

1994—2015年，协会共承保渔船661 058艘（次），上述承保渔船所发生的保险责任范围内的事故，是本分析报告的数据基础（表1-1至表1-4）。

表1-1 协会历年承保渔船数量情况表

年度	承保渔船数量（艘（次））
1994	25
1995	2 091
1996	4 501
1997	5 262
1998	11 012
1999	7 998
2000	8 818
2001	9 561
2002	9 328
2003	11 528
2004	15 315
2005	19 203
2006	22 167
2007	32 879
2008	43 178
2009	49 491
2010	55 408
2011	58 899
2012	72 059
2013	68 271
2014	81 394
2015	72 670
合计	661 058

表 1–2 协会承保渔船数量按材质分类情况表

渔船材质	承保渔船数量（艘（次））	所占比例
钢质	281 304	42.55%
木质	320 489	48.48%
其他材质	59 265	8.97%
合计	661 058	100.00%

表 1–3 协会承保渔船数量按船龄分档情况表

船 龄	承保渔船数量（艘（次））	所占比例
5 年以下	166 350	25.16%
5 年以上但 10 年及以下	152 305	23.04%
10 年以上但 15 年及以下	166 073	25.12%
15 年以上但 20 年及以下	108 352	16.39%
20 年以上	36 469	5.52%
其他不明船龄	31 509	4.77%
合计	661 058	100.00%

表 1–4 协会承保渔船数量按主机功率分档情况表

主机功率	承保渔船数量（艘（次））	所占比例
60 马力（44.1 千瓦）及以下	202 399	30.62%
60 马力（44.1 千瓦）以上但 200 马力（147 千瓦）及以下	197 814	29.92%
200 马力（147 千瓦）以上但 600 马力（441 千瓦）及以下	244 973	37.06%
600 马力（441 千瓦）以上	15 872	2.40%
合计	661 058	100.00%

1.3.2 渔民事故分析的数据基础

1994—2015 年，协会共承保渔民 9 398 155 人（次），上述承保渔民所发生的保险责任范围内的事故，是本分析报告的数据基础（表 1-5）。

表 1–5 协会历年承保渔民数量情况表

年度	承保渔民数量 [人（次）]
1994	1 709
1995	86 138
1996	154 261

（续）

年度	承保渔民数量［人（次）］
1997	173 232
1998	309 582
1999	231 750
2000	237 358
2001	200 581
2002	178 090
2003	194 731
2004	209 220
2005	299 926
2006	349 297
2007	468 709
2008	554 871
2009	604 109
2010	701 504
2011	790 133
2012	959 086
2013	977 412
2014	915 023
2015	801 433
合计	9 398 155

1.4　运用的统计分析方法

本分析报告主要运用了以下三种统计分析方法：

一是结构分析法，将被分析总体内的各部分与总体之间进行对比，即总体内各部分的比例，属于相对指标。一般来说，总体内某部分的比例越大，说明其重要程度越高，对总体的影响越大。

二是分组分析法，根据数据分析对象的特征，按照一定的标志或指标，把数据分析对象划分为不同的部分和类型进行研究，以揭示其内在的联系和规律性。分组的目的是为了便于对比，把总体中具有不同性质的对象区分开，把性质相同的对象合并在一起，保持各组内对象属性的一致性、组与组之间属性的差异性，以便进一步运用各种数据分析方法来解构内在的数量关系。

三是对比分析法，将两个或两个以上的数据进行比较，分析它们的差异，从而揭示这些数据所代表的事物发展变化情况和规律性。通过对比分析，可以非常直观地看出事物某方面的变化或差异，并且可以准确、量化地表示出这种变化或差距是多少。

1.5 分析报告的内容结构

1.5.1 渔船事故分析内容结构

一是渔船事故总体情况分析。结合协会历年承保和理赔数据计算得出渔船事故发生率，呈现出渔船事故发生的总体趋势。

二是渔船事故种类分析。对渔船事故种类进行了统计分析，重点关注了属于多发事故的碰撞、触损、触礁、搁浅、风灾和火灾这六类事故。

三是渔船事故损失程度分析。将事故损失程度区分为全部损失和部分损失，并研究渔船建造材质、新旧程度和渔船大小可能对事故损失程度产生的影响。

四是渔船事故原因分析。主要从人为因素、天气因素和意外事件这三大方面对导致上述六类事故发生的原因进行了统计分析。

五是渔船事故时间分布分析。进一步研究了事故发生的时间分布情况，对不同种类事故发生的月份进行了统计，分析事故的时间分布规律和可能的影响因素。

六是渔船类别对事故影响分析。分别把渔船按不同船舶材质分类、按不同船龄和主机功率分档，研究渔船建造材质、新旧程度和渔船大小可能对事故种类产生的影响。

分析结果详见下文结论一至结论十五。

1.5.2 渔民事故分析内容结构

一是渔民事故总体情况分析。结合协会历年承保和理赔数据计算得出渔民事故发生率，呈现出渔民事故发生的总体趋势。

二是渔民事故种类分析。对渔民事故种类进行了统计分析，重点包括船上作业事故、修船期间事故、陆上事故和水上交通事故这四类事故。

三是渔民事故损害程度分析。将事故损害程度区分为死亡和受伤残疾，并研究事故种类可能对事故损失程度产生的影响。

四是渔民事故原因分析。主要从落水、物体打击、摔倒、起网（重）伤害和机械伤害等因素对渔民事故发生的原因进行了统计分析。

分析结果详见下文结论十六至结论二十二。

1.6 存在的缺陷

1.6.1 数据来源导致的缺陷

本分析报告所收集的数据都是协会的业务数据，不包括未在协会投保的渔船和渔民的事故数据，因此分析结果会受到协会业务开展范围的限制。由于历年来协会的业务覆盖面还存在局限性，所以分析报告中的分析数据只能在一个侧面反映我国渔业生产的事故现状。

1.6.2 保险责任范围导致的缺陷

目前协会在全国各地区开展的互助保险险种不同，甚至在同一地区针对不同对象开展的险种也不同。由于险种不同，其保险责任范围即赔付范围也不同，对理赔数据的收集和分析会产生影响。比如，针对渔船的险种有全损险和综合险，而投保全损险的渔船在遭受部分损失时，协会不负赔偿责任，因此，这部分渔船的部分损失事故就未纳入统计分析数据中，将直接导致渔船部分损失事故率统计数据偏小。又比如，某些年份某些地区针对渔民开展的附加意外伤害医疗险，未投保该附加险的渔民在受伤但未致残时，协会也不负赔偿责任，这部分渔民受伤事故的数据也未纳入统计分析数据中，这也会导致渔民事故受伤率统计数据偏小。

1.6.3 业务开展区域分布不均导致的缺陷

全国沿海各省区在开展互助保险工作的过程中，存在业务发展不均衡的问题，有些省区业务发展得好，险种齐全，而部分省区比如广西和海南的渔船互助保险以全损险为主。另外，各商业保险公司在一些省区不同程度地开展了渔船和渔民保险业务，这也导致各省区的渔船事故统计数据存在不均衡的问题。

1.6.4 数据处理导致的缺陷

部分事故统计数据项目缺失，为了研究分析必须根据事故经过等叙述性文字填补不完整的统计数据项目。但一部分理赔案件材料中的事故经过记录得过于简略，无法确定填补的具体统计数据项目，因此只能将其列入“其他”类别中。少部分统计指标概念不清晰，容易与其他指标混淆，理赔案件录入人员或数据修订人员有可能对其进行错误的归类。另外，客观存在的一定数量的诈保骗赔和通融赔付案件等也会对统计分析结果造成一定影响。

2

渔船事故分析

2 渔船事故分析

2.1 渔船事故总体情况分析

1994—2015年，协会共承保渔船661 058艘（次），承保渔船共出险79 450艘（次），总体事故率为12.02%。其中渔船全损2 996艘（次），全损率为0.45%；渔船部分损失76 454艘（次），部分损失率为11.57%。

根据协会业务数据统计的历年渔船全损率、部分损失率和总体事故率详见表2-1。从表2-1中数据可以看出，自20世纪90年代中期以来，渔船总体事故率呈现上升趋势。该上升趋势一直延续到2002年，当年渔船事故率上升到25.46%，为近二十多年间的最高值。而自2006年起，渔船总体事故率呈现逐步下降趋势，尤其是2014年，当年渔船事故率下降到7.67%，为近二十多年间的最低值。自2009年以来，渔船事故率均低于近二十多年的平均值12.02%（图2-1）。

表2-1 渔船全损和部分损失事故分析表

年度	承保渔船数量（艘（次））	全损（艘（次））	全损率	部分损失（艘（次））	部分损失率	事故合计（艘（次））	事故率
1994	25	0	0.00%	0	0.00%	0	0.00%
1995	2 091	12	0.57%	156	7.46%	168	8.03%
1996	4 501	25	0.56%	482	10.71%	507	11.26%
1997	5 262	53	1.01%	803	15.26%	856	16.27%
1998	11 012	76	0.69%	1 282	11.64%	1 358	12.33%

（续）

年度	承保渔船数量（艘（次））	全损（艘（次））	全损率	部分损失（艘（次））	部分损失率	事故合计（艘（次））	事故率
1999	7 998	87	1.09%	1 551	19.39%	1 638	20.48%
2000	8 818	109	1.24%	1 934	21.93%	2 043	23.17%
2001	9 561	101	1.06%	1 977	20.68%	2 078	21.73%
2002	9 328	141	1.51%	2 234	23.95%	2 375	25.46%
2003	11 528	73	0.63%	2 512	21.79%	2 585	22.42%
2004	15 315	93	0.61%	3 432	22.41%	3 525	23.02%
2005	19 203	105	0.55%	4 003	20.85%	4 108	21.39%
2006	22 167	144	0.65%	5 013	22.61%	5 157	23.26%
2007	32 879	167	0.51%	4 946	15.04%	5 113	15.55%
2008	43 178	250	0.58%	5 411	12.53%	5 661	13.11%
2009	49 491	202	0.41%	5 740	11.60%	5 942	12.01%
2010	55 408	242	0.44%	5 370	9.69%	5 612	10.13%
2011	58 899	187	0.32%	5 508	9.35%	5 695	9.67%
2012	72 059	170	0.24%	5 952	8.26%	6 122	8.50%
2013	68 271	219	0.32%	6 303	9.23%	6 522	9.55%
2014	81 394	357	0.44%	5 889	7.24%	6 246	7.67%
2015	72 670	183	0.25%	5 956	8.20%	6 139	8.45%
合计	661 058	2 996	0.45%	76 454	11.57%	79 450	12.02%

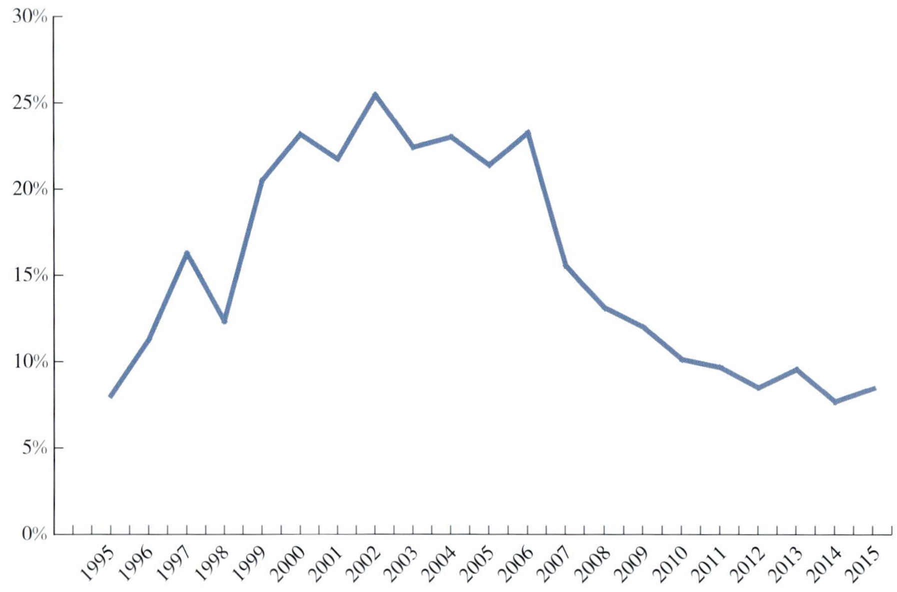

图 2–1　渔船总体事故率趋势图

结论一：近十年渔船事故发生率总体呈现下降趋势

2.2 渔船事故种类分析

1994—2015 年，协会承保的渔船共有 79 450 艘（次）出险，其中：碰撞事故 42 233 艘（次），占 53.16%；风灾事故 11 081 艘（次），占 13.95%；触损事故 7 738 艘（次），占 9.74%；搁浅事故 5 030 艘（次），占 6.33%；触礁事故 4 528 艘（次），占 5.70%；单独机损事故 2 629 艘（次），占 3.31%；火灾事故 2 329 艘（次），占 2.93%（表 2-2、图 2-2）。

表 2–2 渔船事故种类统计表

事故种类	事故数量（艘（次））	占比
碰撞	42 233	53.16%
风灾	11 081	13.95%
触损	7 738	9.74%
搁浅	5 030	6.33%
触礁	4 528	5.70%
单独机损	2 629	3.31%
火灾	2 329	2.93%
自沉	832	1.05%
失踪	59	0.07%
涉外抓扣	58	0.07%
爆炸	16	0.02%
雷击	7	0.01%
其他	2 910	3.66%

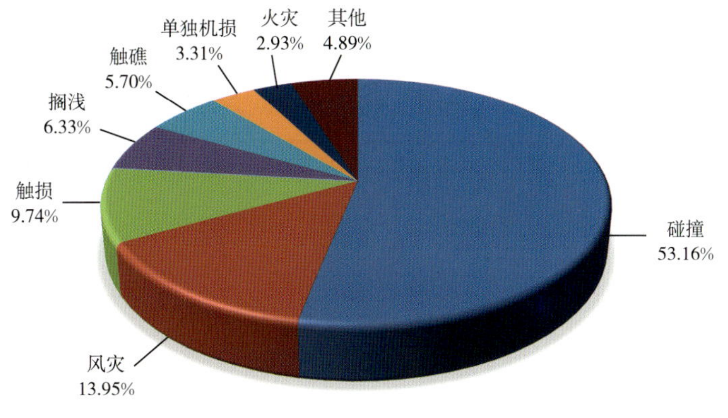

图 2–2 渔船事故种类分布图

结论二：半数以上渔船事故是碰撞事故

2.3 渔船事故损失程度分析

2.3.1 总体情况

1994—2015 年这 22 年间，出险渔船发生全损事故的共有 2 996 艘（次），发生部分损失事故的共有 76 454 艘（次），渔船全损与部分损失的比例基本上是 1∶26（表 2-3）。

2.3.2 渔船事故种类与损失程度关联分析

出险渔船发生全损事故的：风灾事故为 1 366 艘（次），占 45.59%；自沉事故为 473 艘（次），占 15.79%；碰撞事故为 286 艘（次），占 9.55%；火灾事故为 268 艘（次），占 8.95%；触礁事故为 228 艘（次），占 7.61%；搁浅事故为 78 艘（次），占 2.60%；触损事故为 61 艘（次），占 2.04%（表 2-4、图 2-3）。

表 2–3 渔船全损事故与部分损失事故比例关系分析表

年度	全损：部分损失	年度	全损：部分损失
1994		2006	1 ∶ 34.81
1995	1 ∶ 13.00	2007	1 ∶ 29.62
1996	1 ∶ 19.28	2008	1 ∶ 21.64
1997	1 ∶ 15.15	2009	1 ∶ 28.42
1998	1 ∶ 16.87	2010	1 ∶ 22.19
1999	1 ∶ 17.83	2011	1 ∶ 29.45
2000	1 ∶ 17.74	2012	1 ∶ 35.01
2001	1 ∶ 19.57	2013	1 ∶ 28.78
2002	1 ∶ 15.84	2014	1 ∶ 16.50
2003	1 ∶ 34.41	2015	1 ∶ 32.55
2004	1 ∶ 36.90	平均	1 ∶ 25.52
2005	1 ∶ 38.12		

表 2–4 渔船全损事故种类统计表

事故种类	事故数量［艘（次）］	占比	事故种类	事故数量［艘（次）］	占比
风灾	1 366	45.59%	触损	61	2.04%
自沉	473	15.79%	失踪	59	1.97%
碰撞	286	9.55%	涉外抓扣	10	0.33%
火灾	268	8.95%	单独机损	1	0.03%
触礁	228	7.61%	其他	166	5.54%
搁浅	78	2.60%			

结论三：风灾是造成渔船全部损失的主要事故

出险渔船发生部分损失的：碰撞事故为41 947艘（次），占54.87%；风灾事故为9 715艘（次），占12.71%；触损事故为7 677艘（次），占10.04%；搁浅事故为4 952艘（次），占6.48%；触礁事故为4 300艘（次），占5.62%；火灾事故为2 061艘（次），占2.70%（表2-5、图2-4）。

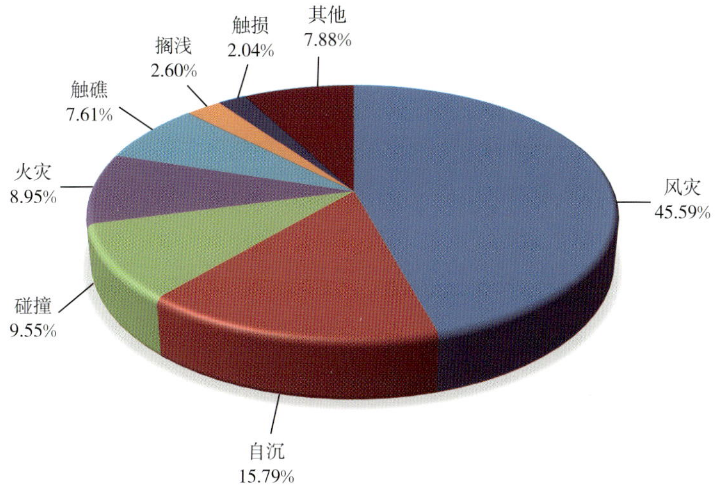

图 2-3　渔船全损事故种类分布图

表 2-5　渔船部分损失事故种类统计表

事故种类	事故数量（艘（次））	占比
碰撞	41 947	54.87%
风灾	9 715	12.71%
触损	7 677	10.04%
搁浅	4 952	6.48%
触礁	4 300	5.62%
单独机损	2 628	3.44%
火灾	2 061	2.70%
自沉	359	0.47%
涉外抓扣	48	0.06%
爆炸	16	0.02%
雷击	7	0.01%
其他	2 744	3.59%

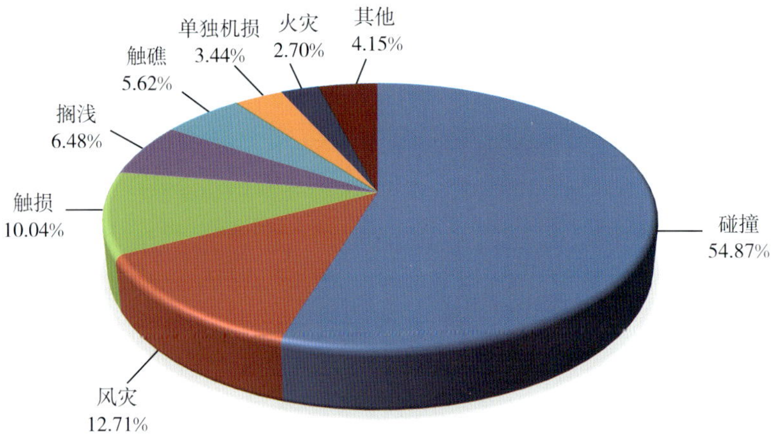

图 2–4 渔船部分损失事故种类分布图

结论四：碰撞是造成渔船部分损失的主要事故

2.3.3 渔船材质与损失程度关联分析

钢质渔船发生全损事故共计 490 艘（次），占全部钢质渔船事故的 0.83%；发生部分损失事故共计 58 401 艘（次），占 99.17%。

木质渔船发生全损事故共计 2 280 艘（次），占全部木质渔船事故的 13.28%；发生部分损失事故共计 14 889 艘（次），占 86.72%（图 2-5）。

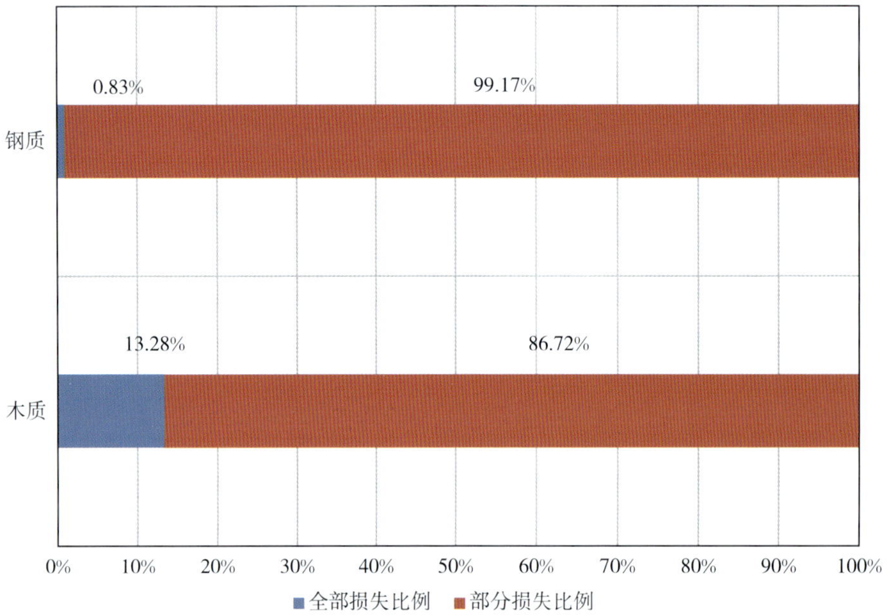

图 2–5 按渔船材质分类渔船事故损失程度分布对比图

结论五：木质渔船发生全部损失的概率远高于钢质渔船

2.3.4 渔船船龄与损失程度关联分析

船龄在5年及以下的渔船发生全损事故共计850艘（次），占全部船龄在5年及以下渔船事故的2.57%；发生部分损失事故共计32 180艘（次），占97.43%。

船龄在5年以上但10年及以下的渔船发生全损事故共计813艘（次），占全部船龄在5年以上但10年及以下渔船事故的3.45%；发生部分损失事故共计22 755艘（次），占96.55%。

船龄在10年以上但15年及以下的渔船发生全损事故共计706艘（次），占全部船龄在10年以上但15年及以下渔船事故的4.97%；发生部分损失事故共计13 504艘（次），占95.03%。

船龄在15年以上但20年及以下的渔船发生全损事故共计401艘（次），占全部船龄在15年以上但20年及以下渔船事故的6.55%；发生部分损失事故共计5 718艘（次），占93.45%。

船龄在20年以上的渔船发生全损事故共计196艘（次），占全部船龄在20年以上渔船事故的12.07%；发生部分损失事故共计1 428艘（次），占87.93%（图2-6）。

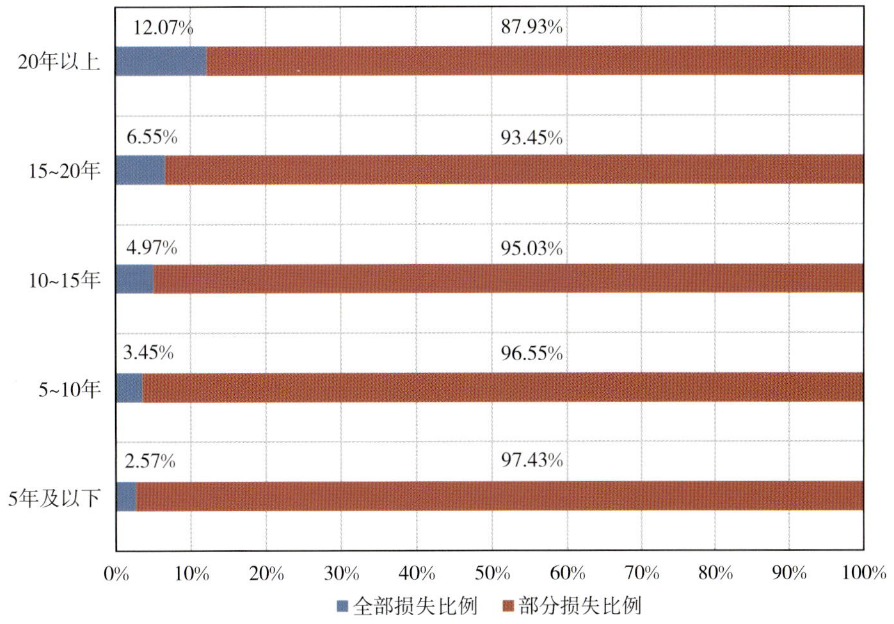

图2–6 按船龄分类渔船事故损失程度分布对比图

结论六：渔船船龄越大发生全部损失的概率越大

2.3.5 渔船主机功率与损失程度关联分析

主机功率在60马力（44.1千瓦）及以下的渔船发生全损事故共计1 232艘（次），占全部主机功率在60马力（44.1千瓦）及以下渔船事故的16.27%；发生部分损失事故共计6 341艘（次），占83.73%。

主机功率在60马力（44.1千瓦）以上但200马力（147千瓦）及以下的渔船发生全损事故共计1 034艘（次），占全部主机功率在60马力（44.1千瓦）以上但200马力（147千瓦）及以下渔船事故的3.97%；发生部分损失事故共计24 998艘（次），占96.03%。

主机功率在200马力（147千瓦）以上但600马力（441千瓦）及以下的渔船发生全损事故共计542艘（次），占全部主机功率在200马力（147千瓦）以上但600马力（441千瓦）及以下渔船事故的1.30%；发生部分损失事故共计41 234艘（次），占98.70%。

主机功率在600马力（441千瓦）以上的渔船发生全损事故共计188艘（次），占全部主机功率在600马力（441千瓦）以上渔船事故的4.62%；发生部分损失事故共计3 881艘（次），占95.38%（图2-7）。

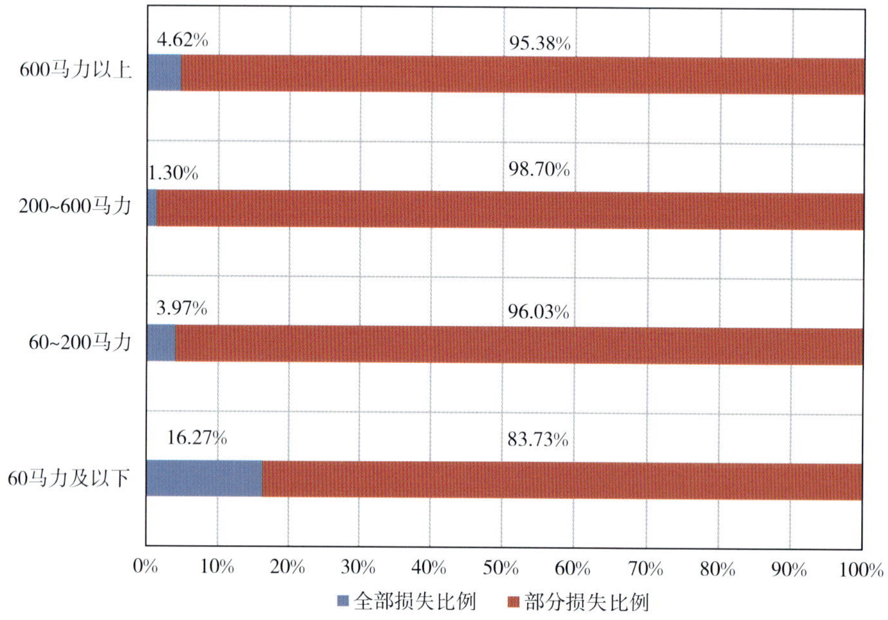

图2-7　按主机功率分类渔船事故损失程度分布对比图

结论七：主机功率60马力（44.1千瓦）及以下渔船发生全部损失的概率远高于60马力（44.1千瓦）以上渔船

2.4　渔船事故原因分析

2.4.1　碰撞事故原因分析

两艘以上船舶之间发生撞击造成损害，称为碰撞事故。

在渔船碰撞事故中，由于操纵不当所导致的碰撞事故18 924艘（次），占全部碰撞事故的44.81%；由于恶劣海况所导致的碰撞事故6 001艘（次），占全部碰撞事故的14.21%；由于机械设备故障所导致的碰撞事故4 836艘（次），占全部碰撞事故的11.45%；由于被不明船舶撞损所导致的碰撞事故4 720艘（次），占全部碰撞事故的11.18%；由于能见度不良所导致的碰撞事故1 835艘（次），占全部碰撞事故的4.34%；由于瞭望疏忽所导致的碰撞事故1 664艘（次），占全部碰撞事故的3.94%；由于走锚所导致的碰撞事故1 311艘（次），占全部碰撞事故的3.10%（图2-8）。

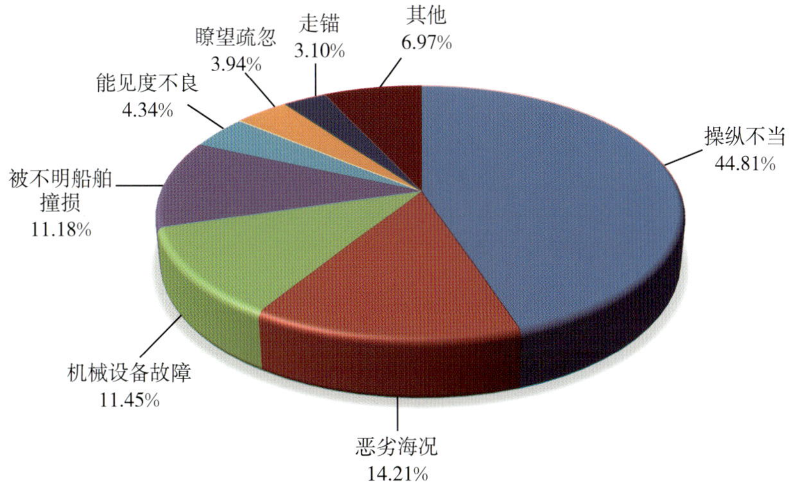

图2-8 碰撞事故原因分布图

小结：导致碰撞事故发生的原因可分为三大类：一是人为因素，包括操纵不当和瞭望疏忽，占全部碰撞事故的48.75%；二是天气因素，包括恶劣海况和能见度不良，占全部碰撞事故的18.55%；三是意外事件，包括机械设备故障、被不明船舶撞损和走锚，占全部碰撞事故的25.73%。人为因素是导致碰撞事故发生的主要因素。

2.4.2 触损事故原因分析

船舶触碰岸壁、码头、航标、桥墩、浮动设施、钻井平台等水上水下建筑物或者沉船、沉物、木桩、鱼栅等碍航物并造成损害，称为触损事故。

在渔船触损事故中，由于操纵不当所导致的触损事故3 027艘（次），占全部触损事故的39.12%；由于机械设备故障所导致的触损事故1 609艘（次），占全部触损事故的20.79%；由于恶劣海况所导致的触损事故1 472艘（次），占全部触损事故的19.02%；由于走锚所导致的触损事故394艘（次），占全部触损事故的5.09%；由于能见度不良所导致的触损事故390艘（次），占全部触损事故的5.04%；由于瞭望疏忽所导致的触损事故211艘（次），占全部触损事故的2.73%（图2-9）。

小结：操纵不当、机械设备故障和恶劣海况是导致触损事故发生的主要原因。在与碰撞、触礁和搁浅事故原因的横向比较中可以发现，机械设备故障在导致触损事故发生的因素中所占比重较大。

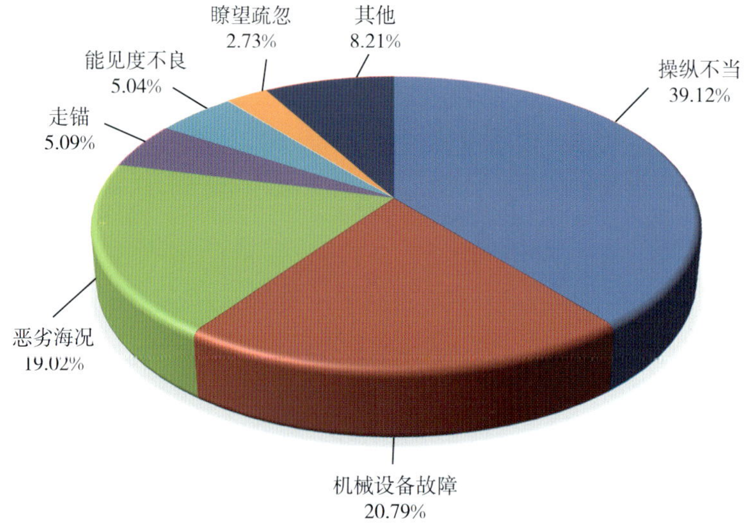

图 2-9　触损事故原因分布图

2.4.3　触礁事故原因分析

船舶触碰礁石，或者搁置在礁石上，造成损害，称为触礁事故。

在渔船触礁事故中，由于操纵不当所导致的触礁事故 2 229 艘（次），占全部触礁事故的 49.23%；由于能见度不良所导致的触礁事故 632 艘（次），占全部触礁事故的 13.96%；由于恶劣海况所导致的触礁事故 537 艘（次），占全部触礁事故的 11.86%；由于瞭望疏忽所导致的触礁事故 236 艘（次），占全部触礁事故的 5.21%；由于机械设备故障所导致的触礁事故 197 艘（次），占全部触礁事故的 4.35%；由于走锚所导致的触礁事故 186 艘（次），占全部触礁事故的 4.11%（图 2-10）。

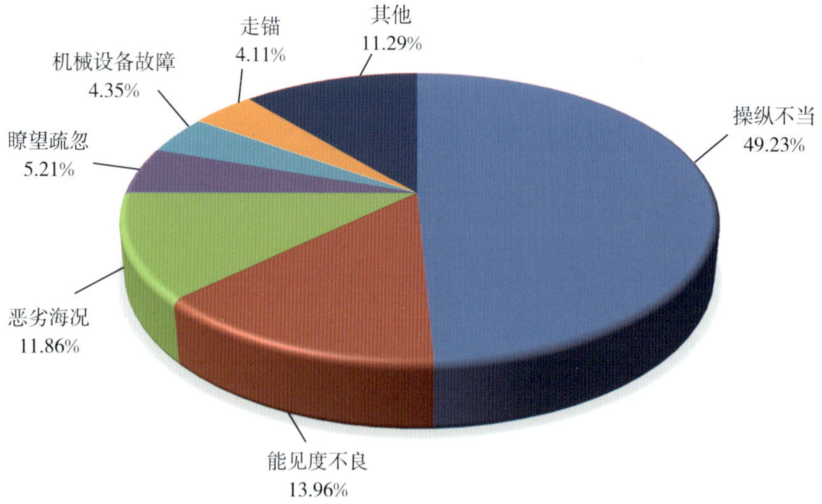

图 2-10　触礁事故原因分布图

小结：近半数触礁事故是由于操纵不当这一人为因素造成的，这可能在一定程度上与船长等职务船员对海域地形的熟悉程度有关。另一个重要影响因素是天气因素，因能见度不良和恶劣海况导致的触礁事故超过四分之一。

2.4.4 搁浅事故原因分析

船舶搁置在浅滩上，造成停航或者损害，称为搁浅事故。

在渔船搁浅事故中，由于操纵不当所导致的搁浅事故1 813艘（次），占全部搁浅事故的36.04%；由于能见度不良所导致的搁浅事故1 070艘（次），占全部搁浅事故的21.27%；由于恶劣海况所导致的搁浅事故820艘（次），占全部搁浅事故的16.30%；由于瞭望疏忽所导致的搁浅事故171艘（次），占全部搁浅事故的3.40%；由于机械设备故障所导致的搁浅事故164艘（次），占全部搁浅事故的3.26%；由于走锚所导致的搁浅事故163艘（次），占全部搁浅事故的3.24%（图2-11）。

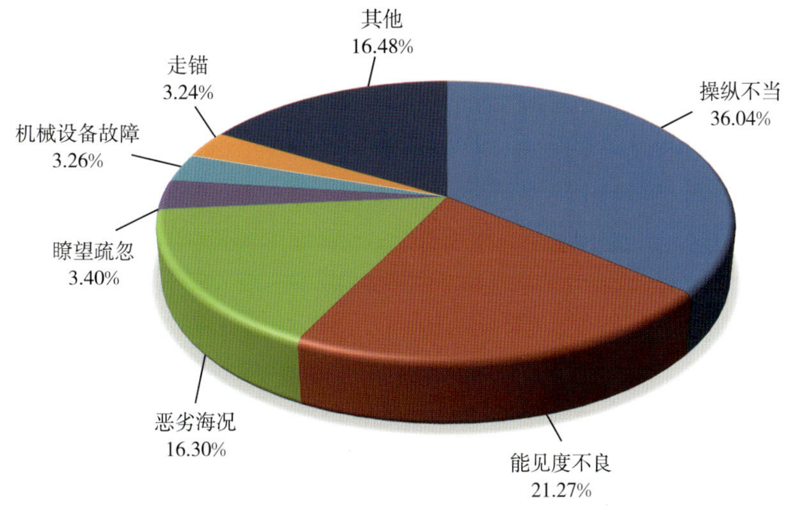

图 2-11 搁浅事故原因分布图

小结：导致搁浅事故发生的原因可分为二大类：一是人为因素，包括操纵不当和瞭望疏忽，占全部搁浅事故的39.44%；二是天气因素，包括恶劣海况和能见度不良，占全部搁浅事故的38.57%。在与碰撞、触损和触礁事故原因的横向比较中可以发现，天气因素在导致搁浅事故发生的因素中所占比重较大。

结论八：操纵不当和瞭望疏忽等人为因素是导致碰撞、触损、触礁和搁浅事故发生的最主要原因；不良天气状况、机械设备故障等意外事件是导致碰撞、触损、触礁和搁浅事故发生的影响因素

2.4.5 火灾事故原因分析

船舶因自然或人为因素致使船舶失火造成损害，按火灾事故统计，包括船舶在维修时发生的火灾事故。

在渔船火灾事故中，由于电器设备起

火（包括线路）所导致的火灾事故 1 011 艘（次），占全部火灾事故的 43.41%；由于机舱失火所导致的火灾事故 422 艘（次），占全部火灾事故的 18.12%；由于修理用火所导致的火灾事故 234 艘（次），占全部火灾事故的 10.05%；由于生活用火所导致的火灾事故 211 艘（次），占全部火灾事故的 9.06%；由于他船引燃所导致的火灾事故 74 艘（次），占全部火灾事故的 3.18%；由于油管漏油所导致的火灾事故 43 艘（次），占全部火灾事故的 1.85%（图 2-12）。

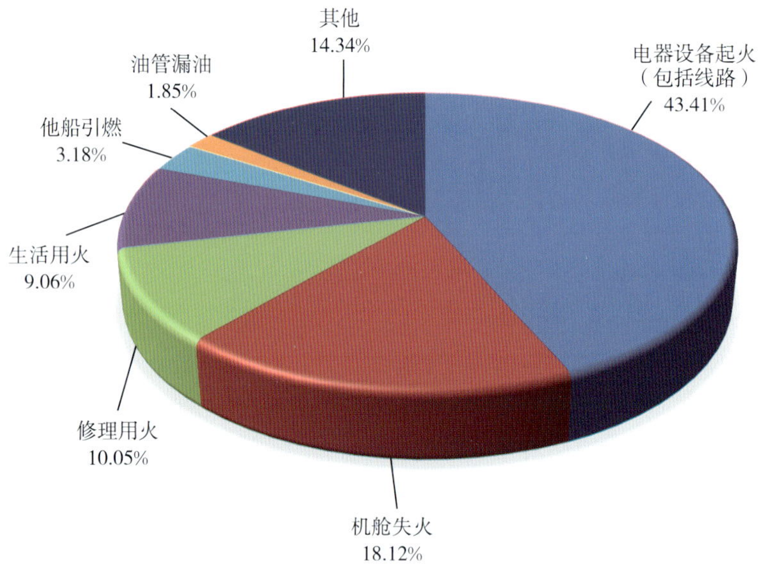

图 2–12　火灾事故原因分布图

结论九：电器设备（包括线路）起火是导致火灾事故发生的最主要原因

2.5 渔船事故发生时间分布分析

2.5.1　碰撞事故发生时间分布分析

每年 5 月和 10 月是碰撞事故发生的高峰期，而 2 月和 7 月是碰撞事故发生的低峰期。2 月份左右是中国传统的春节，6 月至 8 月是国家规定的主要休渔期，在此期间，渔船大多停泊在港内，捕捞生产作业大为减少，因此碰撞事故数量明显下降（图 2-13）。

2.5.2　触损事故发生时间分布分析

每年 5 月和 6 月是触损事故发生的高峰期，而 2 月是触损事故发生的低峰期。这在一定程度上也与春节和休渔期这两个时间节点有关（图 2-14）。休渔期开始前，大量渔船回港停靠，与码头、桥梁等渔业设施的触碰的概率增加。

2.5.3　触礁事故发生时间分布分析

每年 5 月和 12 月是触礁事故发生的高峰期，而 2 月是触礁事故发生的低峰期。除了春节和休渔期这两个重要时间节点，

	1月	2月	3月	4月	5月	6月	7月	8月	9月	10月	11月	12月
■碰撞事故	2 718	2 069	3 456	3 755	5 097	3 719	1 891	2 614	3 862	4 282	4 219	4 099

图 2–13　碰撞事故发生时间分布图

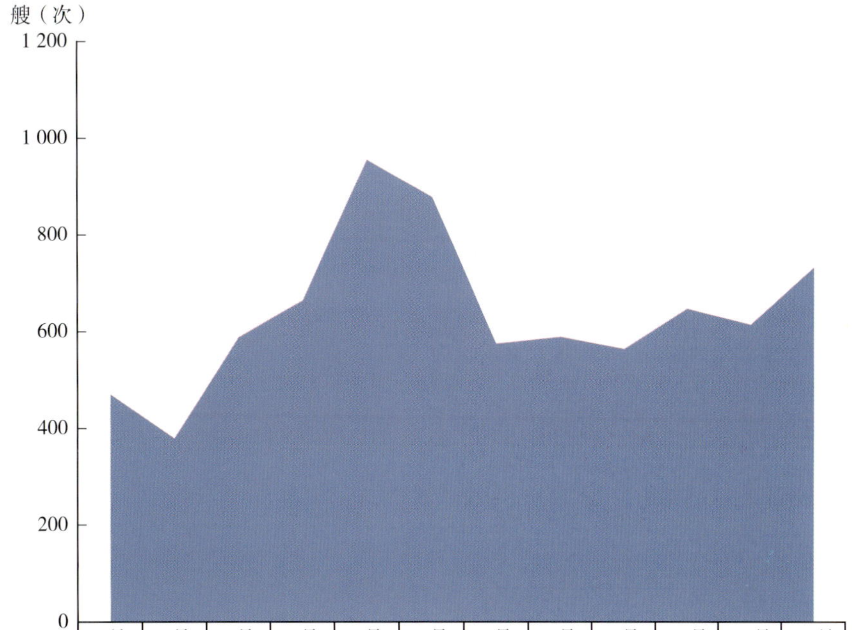

	1月	2月	3月	4月	5月	6月	7月	8月	9月	10月	11月	12月
■触损事故	471	380	589	665	956	879	576	590	565	648	615	733

图 2–14　触损事故发生时间分布图

对于触礁事故来说，12 月也是一个重要的时间节点（图 2-15）。上文已得出分析结论：近半数触礁事故是由于操纵不当这一人为因素造成的，另一个重要影响因素是天气因素，因能见度不良和恶劣海况导致的触礁事故超过四分之一。由此可以推论，12 月是触礁事故发生的一个小高峰期的主要原因是当月的天气状况较差。

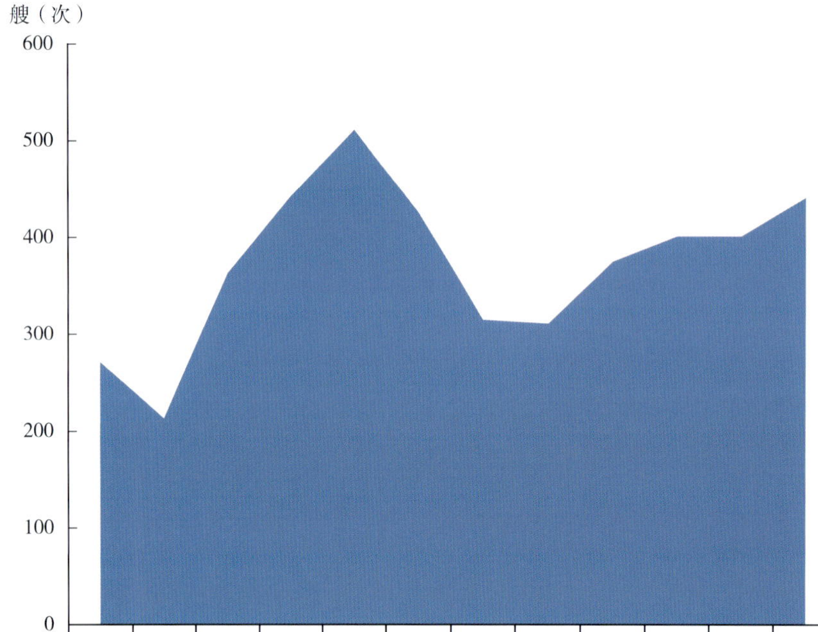

	1月	2月	3月	4月	5月	6月	7月	8月	9月	10月	11月	12月
■触礁事故	271	213	363	442	511	426	315	311	375	401	401	441

图 2–15　触礁事故发生时间分布图

2.5.4　搁浅事故发生时间分布分析

每年 2 月是搁浅事故发生的低峰期。与碰撞、触损和触礁事故相比较而言，搁浅事故发生的高峰期不是很明显（图 2-16）。

2.5.5　风灾事故发生时间分布分析

每年 7 月和 8 月是风灾事故发生的高峰期，而 1 月和 2 月是风灾事故发生的低峰期（图 2-17）。由此可见，风灾事故与台风的季节性高度相关。

2.5.6　火灾事故发生时间分布分析

每年 12 月是火灾事故发生的高峰期（图 2-18）。春节和休渔期这两个时间节点对火灾事故的发生没有明显的影响。

结论十：每年的春节、休渔期和 12 月是三个重要时间节点，对事故发生的时间分布有重要影响

	1月	2月	3月	4月	5月	6月	7月	8月	9月	10月	11月	12月
■搁浅事故	332	200	414	400	501	569	419	370	488	417	368	427

图 2-16　搁浅事故发生时间分布图

	1月	2月	3月	4月	5月	6月	7月	8月	9月	10月	11月	12月
■风灾事故	430	465	966	768	935	963	1 543	1 484	1 142	866	751	705

图 2-17　风灾事故发生时间分布图

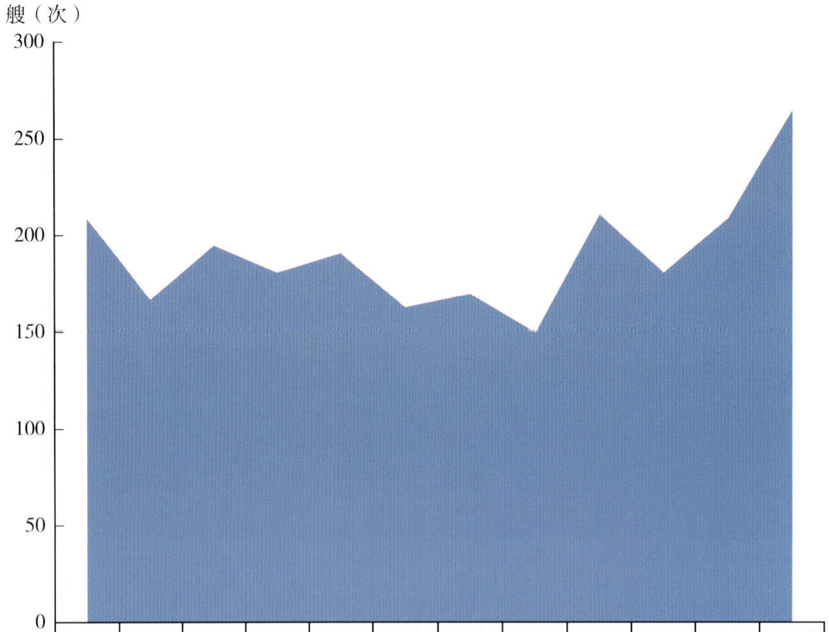

	1月	2月	3月	4月	5月	6月	7月	8月	9月	10月	11月	12月
■火灾事故	209	167	195	181	191	163	170	150	211	181	209	265

图 2–18　火灾事故发生时间分布图

2.6　渔船材质与事故种类关联分析

2.6.1　钢质渔船事故种类分布情况

钢质渔船发生碰撞事故共计 33 419 艘（次），占钢质渔船全部事故的 57.36%；发生触损事故共计 5 264 艘（次），占钢质渔船全部事故的 9.04%；发生触礁事故共计 2 765 艘（次），占钢质渔船全部事故的 4.75%；发生搁浅事故共计 3 148 艘（次），占钢质渔船全部事故的 5.40%；发生风灾事故共计 7 444 艘（次），占钢质渔船全部事故的 12.78%；发生火灾事故共计 1 593 艘（次），占钢质渔船全部事故的 2.73%。

钢质渔船事故类型分布情况如图 2-19 所示。

2.6.2　木质渔船事故种类分布情况

木质渔船发生碰撞事故共计 6 690 艘（次），占木质渔船全部事故的 39.62%；发生触损事故共计 2 139 艘（次），占木质渔船全部事故的 12.67%；发生触礁事故共计 1 424 艘（次），占木质渔船全部事故的 8.43%；发生搁浅事故共计 1 582 艘（次），占木质渔船全部事故的 9.37%；发生风灾事故共计 3 091 艘（次），占木质渔船全部事故的 18.30%；发生火灾事故共计 598 艘（次），占木质渔船全部事故的 3.54%。

木质渔船事故类型分布情况如图 2-20。

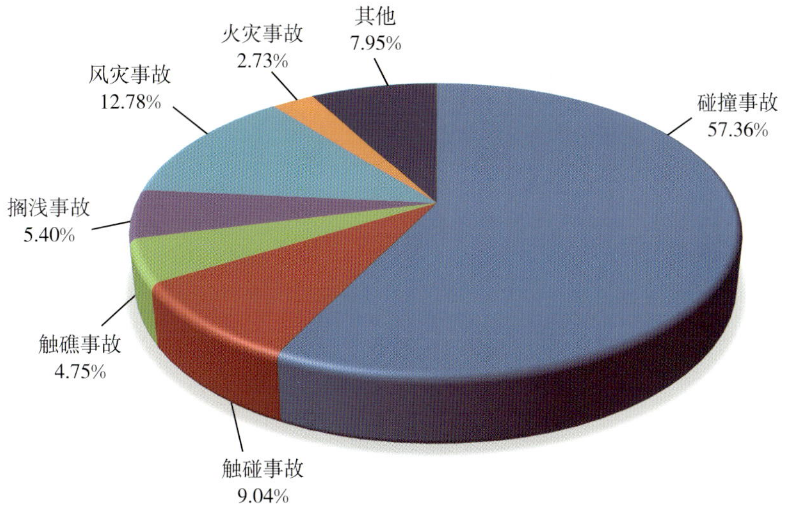

图 2-19　钢质渔船事故种类分布图

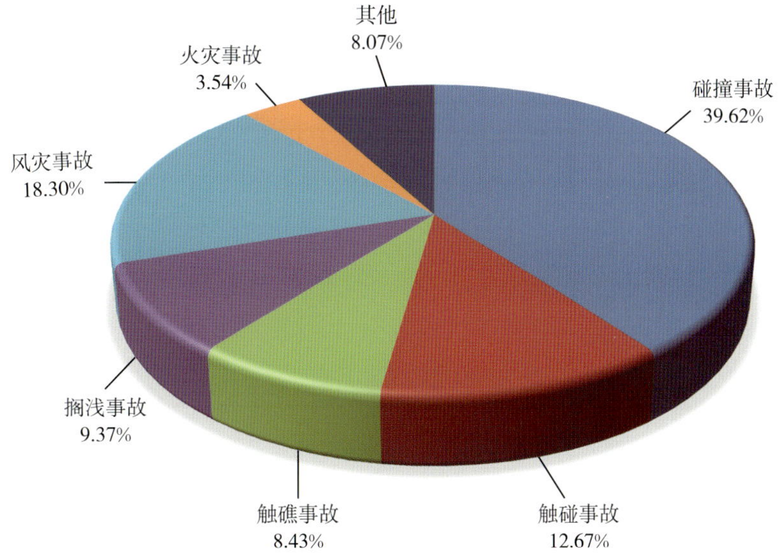

图 2-20　木质渔船事故种类分布图

2.6.3　关联分析

钢质渔船发生碰撞事故占钢质渔船全部事故的 57.36%。木质渔船发生碰撞事故占木质渔船全部事故的 39.62%；发生风灾事故占 18.30%；发生触损事故占 12.67%；发生搁浅事故占 9.37%；发生触礁事故占 8.43%（图 2-21）。

结论十一：钢质渔船事故种类较为集中，而木质渔船事故种类较为分散

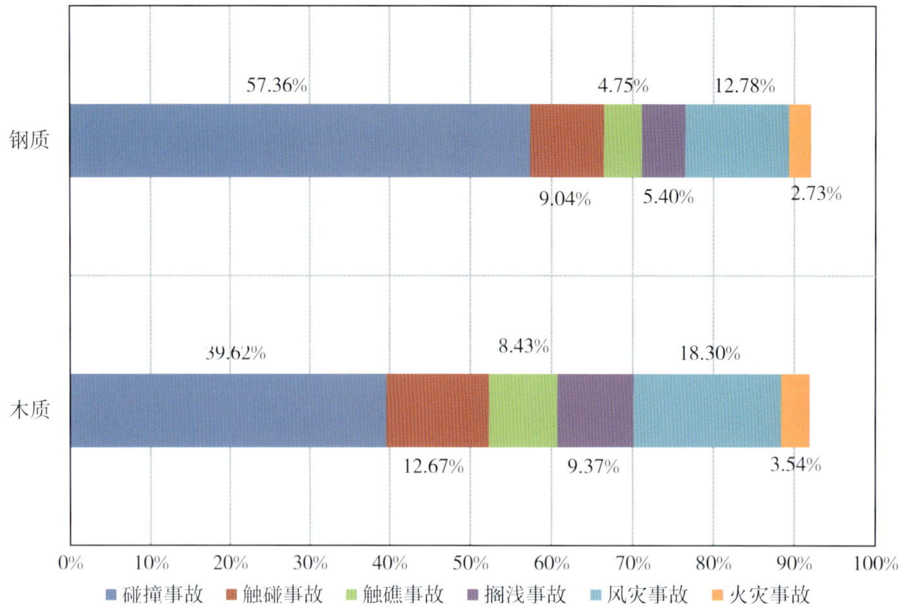

图 2-21　按渔船材质分类渔船事故种类分布对比图

2.7　渔船船龄与事故种类关联分析

2.7.1　船龄 5 年及以下渔船事故种类分布情况

船龄在 5 年及以下的渔船发生碰撞事故共计 18 969 艘（次），占船龄在 5 年及以下渔船全部事故的 58.16%；发生触损事故共计 2 829 艘（次），占 8.67%；发生触礁事故共计 2 041 艘（次），占 6.26%；发生搁浅事故共计 2 312 艘（次），占 7.09%；发生风灾事故共计 3 735 艘（次），占 11.45%；发生火灾事故共计 788 艘（次），占 2.42%（图 2-22）。

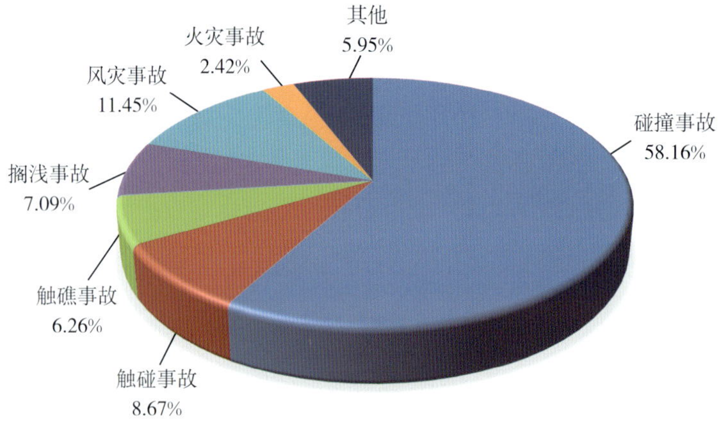

图 2-22　船龄 5 年及以下渔船事故种类分布图

2.7.2 船龄5年以上但10年及以下渔船事故种类分布情况

船龄在5年以上但10年及以下的渔船发生碰撞事故共计12 195艘（次），占船龄在5年以上但10年及以下渔船事故的52.38%；发生触损事故共计2 253艘（次），占9.68%；发生触礁事故共计1 149艘（次），占4.94%；发生搁浅事故共计1 383艘（次），占5.94%；发生风灾事故共计4 296艘（次），占18.45%；发生火灾事故共计558艘（次），占2.40%（图2-23）。

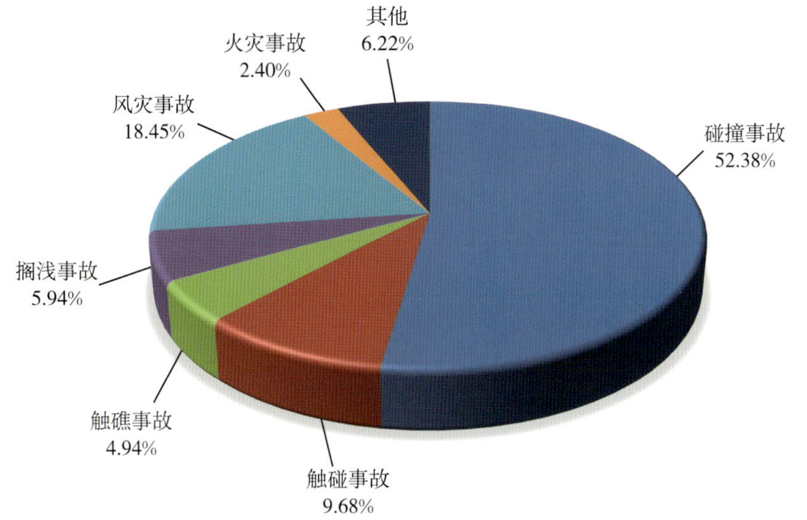

图2–23 船龄5年以上但10年及以下渔船事故种类分布图

2.7.3 船龄10年以上但15年及以下渔船事故种类分布情况

船龄在10年以上但15年及以下的渔船发生碰撞事故共计6 761艘（次），占全部船龄在10年以上但15年及以下渔船事故的47.92%；发生触损事故共计1 550艘（次），占10.99%；发生触礁事故共计707艘（次），占5.01%；发生搁浅事故共计656艘（次），占4.65%；发生风灾事故共计2 118艘（次），占15.01%；发生火灾事故共计564艘（次），占4.00%（图2-24）。

2.7.4 船龄15年以上但20年及以下渔船事故种类分布情况

船龄在15年以上但20年及以下的渔船发生碰撞事故共计2 821艘（次），占全部船龄在15年以上但20年及以下渔船事故的46.43%；发生触损事故共计776艘（次），占12.77%；发生触礁事故共计423艘（次），占6.96%；发生搁浅事故共计285艘（次），占4.69%；发生风灾事故共计571艘（次），占9.40%；发生火灾事故共计271艘（次），占4.46%（图2-25）。

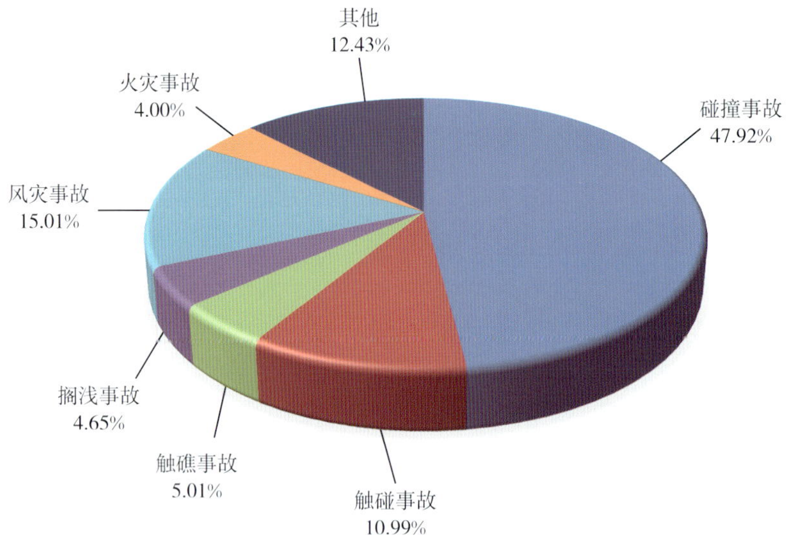

图 2-24　船龄 10 年以上但 15 年及以下渔船事故种类分布图

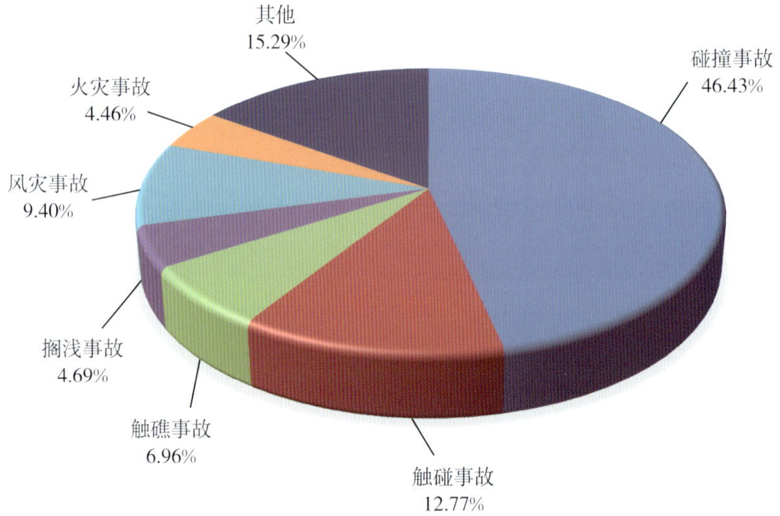

图 2-25　船龄 15 年以上但 20 年及以下渔船事故种类分布图

2.7.5　船龄 20 年以上渔船事故种类分布情况

船龄在 20 年以上的渔船发生碰撞事故共计 574 艘（次），占全部船龄在 20 年以上渔船事故的 35.41%；发生触损事故共计 168 艘（次），占 10.36%。发生触礁事故共计 95 艘（次），占 5.86%；发生搁浅事故共计 239 艘（次），占 14.74%。发生风灾事故共计 243 艘（次），占 14.99%；发生火灾事故共计 85 艘（次），占 5.24%（图 2-26）。

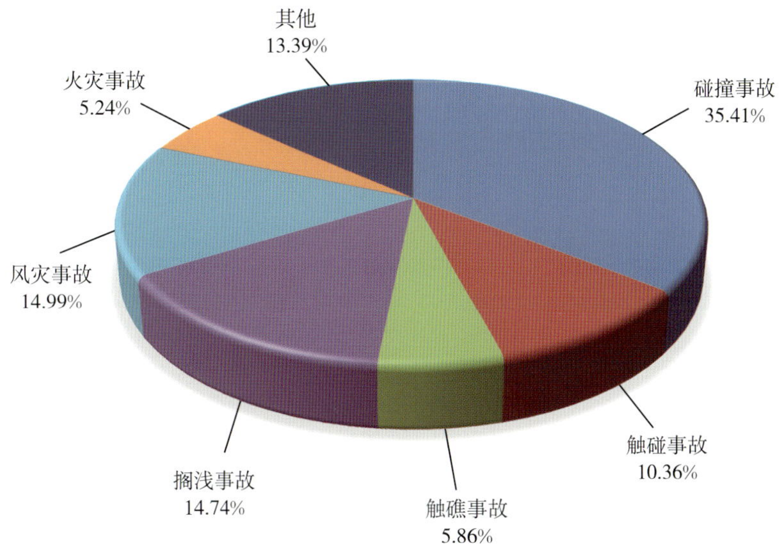

图 2–26 船龄 20 年以上渔船事故种类分布图

2.7.6 关联分析

2.7.6.1 船龄与火灾事故关联分析

船龄在 5 年及以下的渔船发生火灾事故共计 788 艘（次），占船龄在 5 年及以下渔船全部事故的 2.42%；船龄在 5 年以上但 10 年及以下的渔船发生火灾事故共计 558 艘（次），占 2.40%；船龄在 10 年以上但 15 年及以下的渔船发生火灾事故共计 564 艘（次），占 4.00%；船龄在 15 年以上但 20 年及以下的渔船发生火灾事故共计 271 艘（次），占 4.46%；船龄在 20 年以上的渔船发生火灾事故共计 85 艘（次），占 5.24%(图 2-27)。

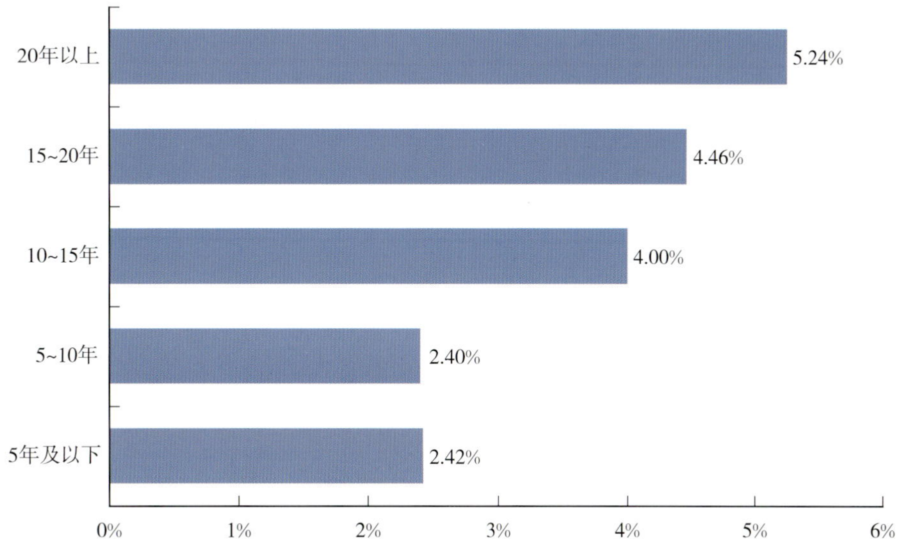

图 2–27 按船龄分档渔船火灾事故对比图

结论十二：渔船船龄越大，火灾事故所占比重越大

2.7.6.2　船龄与搁浅事故关联分析

船龄在5年及以下的渔船发生搁浅事故共计2 312艘（次），占船龄在5年及以下渔船全部事故的7.09%；船龄在5年以上但10年及以下的渔船发生搁浅事故共计1 383艘（次），占5.94%；船龄在10年以上但15年及以下的渔船发生搁浅事故共计656艘（次），占4.65%；船龄在15年以上但20年及以下的渔船发生搁浅事故共计285艘（次），占4.69%；船龄在20年以上的渔船发生搁浅事故共计239艘（次），占14.74%（图2-28）。

结论十三：船龄20年以上的渔船搁浅事故所占比重陡然增加

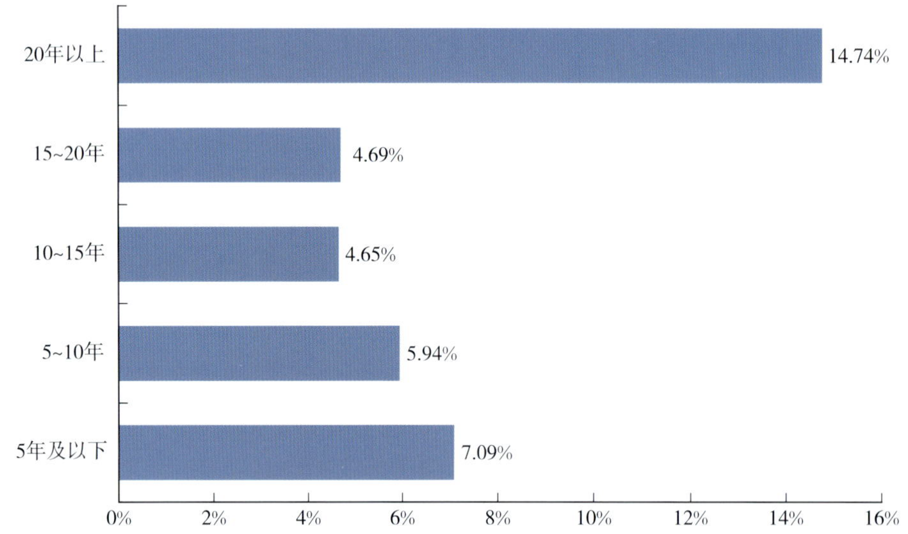

图2–28　按船龄分档渔船搁浅事故对比图

2.8　渔船主机功率与事故种类关联分析

2.8.1　主机功率60马力（44.1千瓦）及以下渔船事故种类分布情况

主机功率在60马力（44.1千瓦）及以下的渔船发生碰撞事故共计3 246艘（次），占主机功率在60马力（44.1千瓦）及以下渔船全部事故的43.44%；发生触损事故共计538艘（次），占7.20%；发生触礁事故共计562艘（次），占7.52%；发生搁浅事故共计444艘（次），占5.94%；发生风灾事故共计1 727艘（次），占23.11%；发生火灾事故共计194艘（次），占2.60%（图2-29）。

2.8.2　主机功率60马力（44.1千瓦）以上但200马力（147千瓦）及以下渔船事故种类分布情况

主机功率在60马力（44.1千瓦）以上但200马力（147千瓦）及以下的渔船发生碰撞事故共计12 395艘（次），占

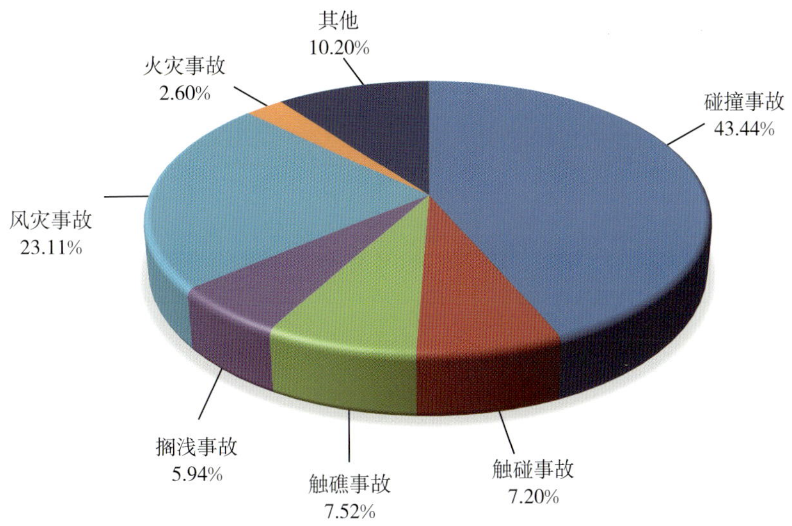

图 2-29　主机功率 60 马力（44.1 千瓦）及以下渔船事故种类分布图

主机功率在60马力（44.1千瓦）以上但200马力（147千瓦）及以下渔船全部事故的48.35%；发生触损事故共计2 605艘（次），占10.16%；发生触礁事故共计1 378艘（次），占5.38%；发生搁浅事故共计2 045艘（次），占7.98%；发生风灾事故共计4 929艘（次），占19.23%；发生火灾事故共计694艘（次），占2.71%（图2-30）。

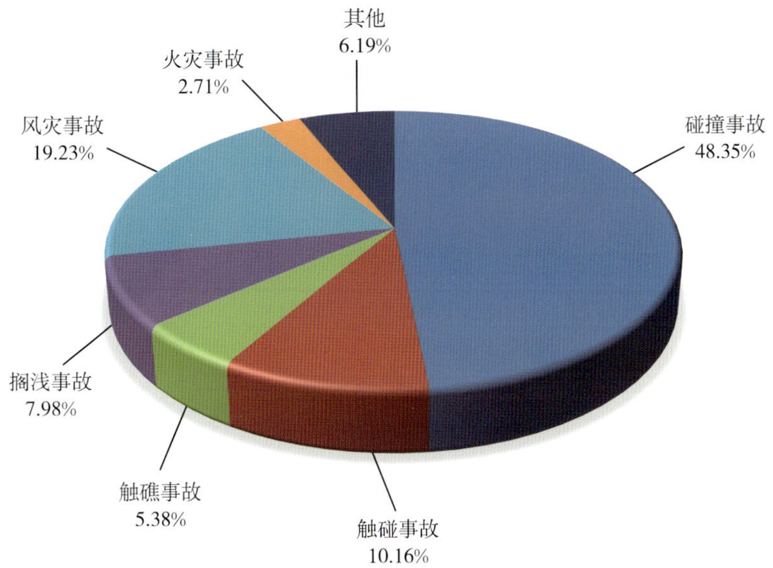

图 2-30　主机功率 60 马力（44.1 千瓦）以上但 200 马力（147 千瓦）及以下渔船事故种类分布图

2.8.3 主机功率200马力（147千瓦）以上但600马力（441千瓦）及以下渔船事故种类分布情况

主机功率在200马力（147千瓦）以上但600马力（441千瓦）及以下的渔船发生碰撞事故共计23 497艘（次），占200马力（147千瓦）以上但600马力（441千瓦）及以下渔船全部事故的56.76%；发生触损事故共计4 332艘（次），占10.46%；发生触礁事故共计2 266艘（次），占5.47%；发生搁浅事故共计2 104艘（次），占5.08%；发生风灾事故共计4 093艘（次），占9.89%；发生火灾事故共计1 301艘（次），占3.14%（图2-31）。

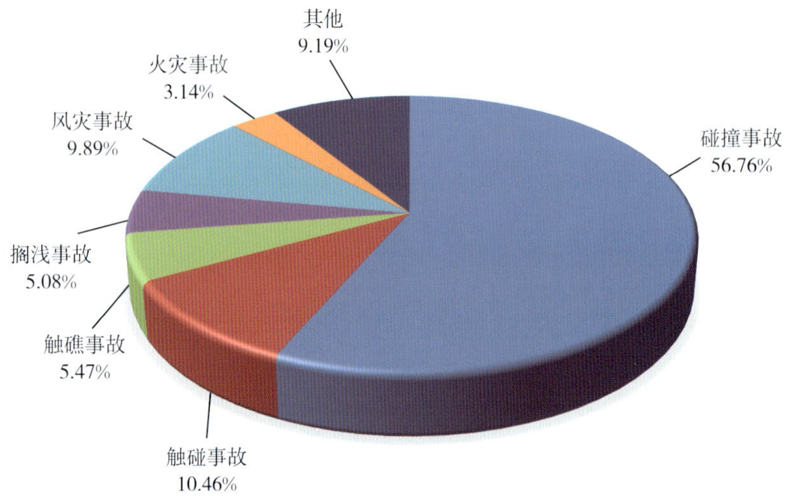

图2-31 主机功率200马力（147千瓦）以上但600马力（441千瓦）及以下渔船事故种类分布图

2.8.4 主机功率600马力（441千瓦）以上渔船事故种类分布情况

主机功率在600马力（441千瓦）以上的渔船发生碰撞事故共计2 643艘（次），占600马力（441千瓦）以上渔船全部事故的65.32%；发生触损事故共计192艘（次），占4.75%；发生触礁事故共计264艘（次），占6.52%；发生搁浅事故共计312艘（次），占7.71%；发生风灾事故共计269艘（次），占6.65%；发生火灾事故共计103艘（次），占2.55%（图2-32）。

2.8.5 关联分析

2.8.5.1 主机功率与碰撞事故关联分析

主机功率在60马力（44.1千瓦）及以下的渔船发生碰撞事故共计3 246艘（次），占主机功率在60马力（44.1千瓦）及以下渔船全部事故的43.44%；主机功率在60马力（44.1千瓦）以上但200马力（147千瓦）及以下的渔船发生碰撞事故共计12 395艘（次），占48.35%；主机功率在200马力（147千瓦）以上但600马力（441千瓦）及以下的渔船发生碰撞事故共计23 497艘（次），占56.76%；主机功率

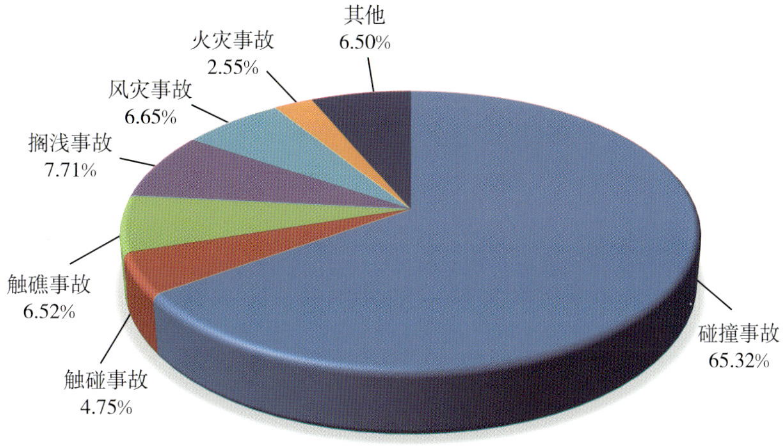

图 2-32　主机功率 600 马力（441 千瓦）以上渔船事故种类分布图

在 600 马力（441 千瓦）以上的渔船发生碰撞事故共计 2 643 艘（次），占 65.32%（图 2-33）。

结论十四：渔船主机功率越大，碰撞事故所占比重越大

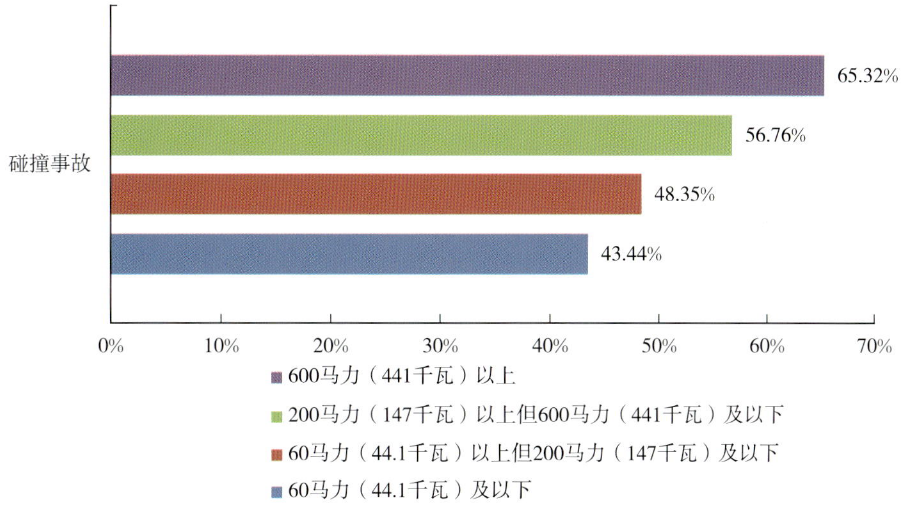

图 2-33　按主机功率分档渔船碰撞事故对比图

2.8.5.2　主机功率与风灾事故关联分析

主机功率在 60 马力（44.1 千瓦）及以下的渔船发生风灾事故共计 1 727 艘（次），占主机功率在 60 马力（44.1 千瓦）及以下渔船全部事故的 23.11%；主机功率在 60 马力（44.1 千瓦）以上但 200 马力（147 千瓦）及以下的渔船发生风灾事故共计 4 929 艘（次），占 19.23%；主机功率

在200马力（147千瓦）以上但600马力（441千瓦）及以下的渔船发生风灾事故共计4 093艘（次），占9.89%；主机功率在600马力（441千瓦）以上的渔船发生风灾事故共计269艘（次），占6.65%（图2-34）。

结论十五：渔船主机功率越小，风灾事故所占比重越大

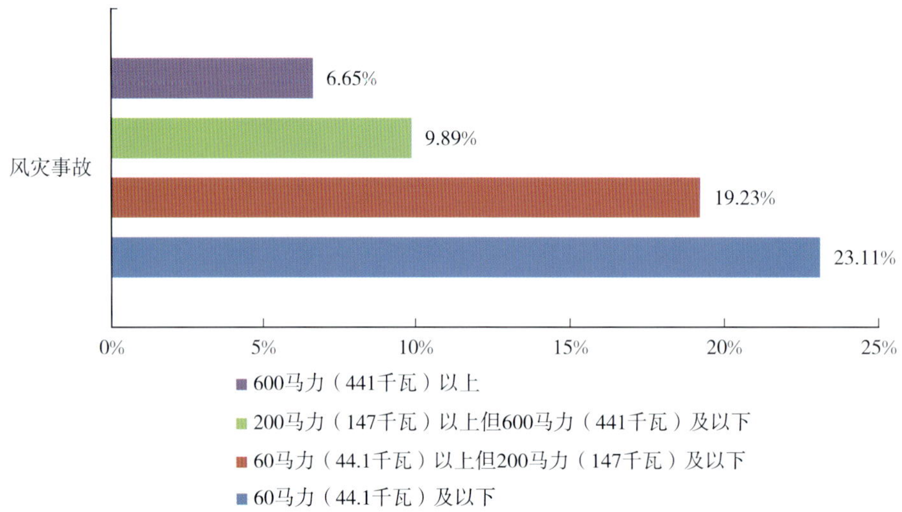

图2-34　按主机功率分档渔船风灾事故对比图

3

渔民事故分析

3 渔民事故分析

3.1 渔民事故总体情况分析

1994—2015 年，协会共承保渔民 9 398 155 人（次），承保渔民共出险 107 887 人（次），总出险率为 1.15%。其中渔民死亡 11 347 人，死亡率为 0.12%；渔民伤残 41 610 人（次），伤残率为 0.44%；渔民受伤 54 930 人（次），受伤率为 0.58%。

根据协会业务数据统计的历年渔民死亡率、伤残率、受伤率和总体事故率详见表 3-1。从表 3-1 中数据可以看出，自 20 世纪 90 年代中期以来，渔民总体事故率呈现上升趋势。该上升趋势一直延续到 2004 年，当年渔民事故率上升到 1.86%，为近二十多年间的最高值。此后，渔民总体事故率呈现逐步下降趋势，尤其是 2013 年，当年渔民事故率下降到 0.87%，为近二十多年间的最低值。自 2010 年以来，渔船事故率均低于近二十多年的平均值 1.15%（图 3-1）。

表 3–1 渔民出险情况表

年度	承保渔民数量［人（次）］	死亡（人）	死亡率	伤残［人（次）］	伤残率	受伤［人（次）］	受伤率	事故合计	总事故率
1994	1 709	0	0.00%	0	0.00%	0	0.00%	0	0.00%
1995	86 138	134	0.16%	306	0.36%	535	0.62%	975	1.13%
1996	154 261	314	0.20%	856	0.55%	1 195	0.77%	2 365	1.53%
1997	173 232	366	0.21%	941	0.54%	1 507	0.87%	2 814	1.62%
1998	309 582	433	0.14%	920	0.30%	1 405	0.45%	2 758	0.89%

（续）

年度	承保渔民数量［人（次）］	死亡（人）	死亡率	伤残［人（次）］	伤残率	受伤［人（次）］	受伤率	事故合计	总事故率
1999	231 750	496	0.21%	1 274	0.55%	813	0.35%	2 583	1.11%
2000	237 358	547	0.23%	1 590	0.67%	1 948	0.82%	4 085	1.72%
2001	200 581	469	0.23%	1 612	0.80%	1 288	0.64%	3 369	1.68%
2002	178 090	408	0.23%	1 118	0.63%	1 416	0.80%	2 942	1.65%
2003	194 731	423	0.22%	1 178	0.60%	1 675	0.86%	3 276	1.68%
2004	209 220	477	0.23%	1 225	0.59%	2 182	1.04%	3 884	1.86%
2005	299 926	515	0.17%	1 298	0.43%	2 156	0.72%	3 969	1.32%
2006	349 297	446	0.13%	1 276	0.37%	2 305	0.66%	4 027	1.15%
2007	468 709	466	0.10%	1 953	0.42%	3 081	0.66%	5 500	1.17%
2008	554 871	656	0.12%	3 345	0.60%	3 909	0.70%	7 910	1.43%
2009	604 109	720	0.12%	3 333	0.55%	4 501	0.75%	8 554	1.42%
2010	701 504	732	0.10%	3 543	0.51%	3 362	0.48%	7 637	1.09%
2011	790 133	720	0.09%	3 574	0.45%	3 882	0.49%	8 176	1.03%
2012	959 086	810	0.08%	3 120	0.33%	4 715	0.49%	8 645	0.90%
2013	977 412	854	0.09%	3 036	0.31%	4 617	0.47%	8 507	0.87%
2014	915 023	720	0.08%	3 194	0.35%	4 127	0.45%	8 041	0.88%
2015	801 433	641	0.08%	2 918	0.36%	4 311	0.54%	7 870	0.98%
合计	9 398 155	11 347	0.12%	41 610	0.44%	54 930	0.58%	107 887	1.15%

注：“受伤”是指渔民出险时身体受到伤害，但并未致残或致死。

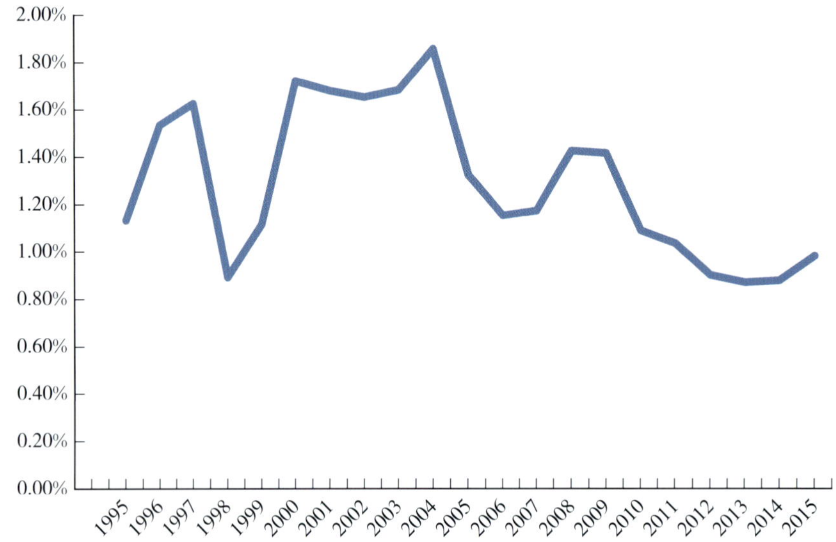

图 3–1　渔民总体事故率趋势图

结论十六：近十年渔民事故发生率总体呈现下降趋势

3.2 渔民事故种类分析

1994—2015 年，协会承保的渔民共有 107 887 人（次）出险，其中：船上作业事故 91 499 人（次），占全部出险人（次）的 84.81%；修船期间事故 4 760 人（次），占 4.41%；陆上事故 2 790 人（次），占 2.59%；水上交通事故 1 778 人（次），占 1.65%（表 3-2，图 3-2）。

结论十七：绝大多数渔民事故是船上作业事故

表 3–2　渔民事故种类统计

事故种类	死亡（人）	伤残［人（次）］	受伤［人（次）］	事故合计［人（次）］	占比
船上作业事故	8 699	32 941	49 859	91 499	84.81%
修船期间事故	208	1 807	2 745	4 760	4.41%
陆上事故	502	1 403	885	2 790	2.59%
水上交通事故	1 388	246	144	1 778	1.65%
其他	550	5 213	1 297	7 060	6.54%
合计	11 347	41 610	54 930	107 887	100.00%

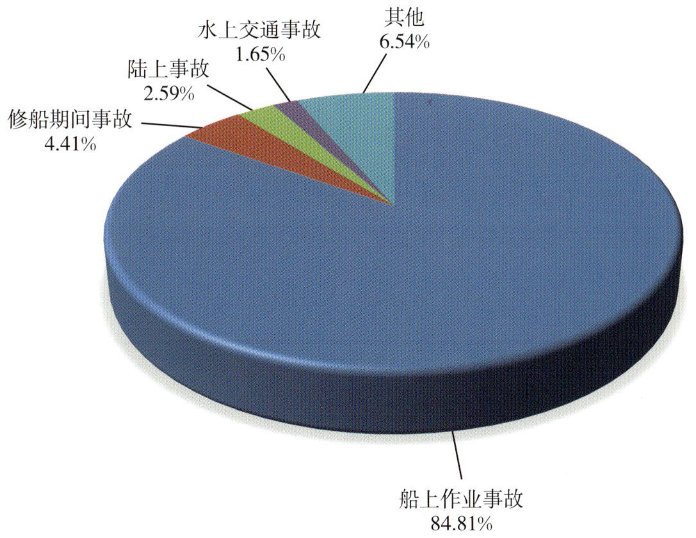

图 3–2　渔民事故种类分布图

3.3 渔民事故损害程度分析

3.3.1 总体情况

1994—2015年这22年间，出险渔民死亡的共有11 347人，受伤残疾的共有96 540人（次），渔民死亡与受伤残疾的比例基本上是1∶8.5（表3-3）。

3.3.2 渔民事故种类与损害程度关联分析

由船上作业事故造成的渔民死亡人数为8 699人，致死率为十万分之九十三；由修船期间事故造成的渔民死亡人数为208人，致死率为十万分之二；由陆上事故造成的渔民死亡人数为502人，致死率为十万分之五；由水上交通事故造成的渔民死亡人数为1 388人，致死率为十万分之十五。

由船上作业事故造成的渔民受伤残疾为82 800人（次），致伤残率为十万分之八百八十一；由修船期间事故造成的渔民受伤残疾为4 552人（次），致伤残率为十万分之四十八；由陆上事故造成的渔民受伤残疾为2 288人（次），致伤残率为十万分之二十四；由水上交通事故造成的渔民受伤残疾为390人（次），致伤残率为十万分之四（表3-4）。

结论十八：船上作业事故具有高致死率和高致伤残率的特点

结论十九：水上交通事故致死率高于修船期间事故和陆上事故，但致伤残率低于修船期间事故和陆上事故

表3-3 渔民死亡与受伤残疾比例关系分析

年度	死亡∶受伤残疾	年度	死亡∶受伤残疾
1994		2006	1 ∶ 8.03
1995	1 ∶ 6.28	2007	1 ∶ 10.80
1996	1 ∶ 6.53	2008	1 ∶ 11.06
1997	1 ∶ 6.69	2009	1 ∶ 10.88
1998	1 ∶ 5.37	2010	1 ∶ 9.43
1999	1 ∶ 4.21	2011	1 ∶ 10.36
2000	1 ∶ 6.47	2012	1 ∶ 9.67
2001	1 ∶ 6.18	2013	1 ∶ 8.96
2002	1 ∶ 6.21	2014	1 ∶ 10.17
2003	1 ∶ 6.74	2015	1 ∶ 11.28
2004	1 ∶ 7.14	平均	1 ∶ 8.51
2005	1 ∶ 6.71		

表 3–4　渔民事故种类与损害程度关联分析

事故种类	死亡（人）	死亡率	受伤残疾 [人（次）]	受伤残疾率
船上作业事故	8 699	0.0926%	82 800	0.8810%
修船期间事故	208	0.0022%	4552	0.0484%
陆上事故	502	0.0053%	2288	0.0243%
水上交通事故	1 388	0.0148%	390	0.0041%
其他	550	0.0059%	6510	0.0693%
合计	11 347	0.1207%	96 540	1.0272%

3.4　渔民事故原因分析

3.4.1　导致渔民死亡的原因分析

落水造成渔民死亡 3 831 人，占全部渔民死亡人数的 33.76%；风灾造成渔民死亡 1 289 人，占 11.36%；摔倒造成渔民死亡 638 人，占 5.62%；渔船碰撞造成渔民死亡 556 人，占 4.90%；物体打击造成渔民死亡 532 人，占 4.69%；起网（重）伤害造成渔民死亡 393 人，占 3.46%；淹溺造成渔民死亡 385 人，占 3.39%；陆上事故造成渔民死亡 364 人，占 3.21%（图 3-3）。

结论二十：落水是造成渔民死亡的最主要原因

3.4.2　导致渔民受伤残疾的原因分析

物体打击造成渔民伤残 22 398 人（次），

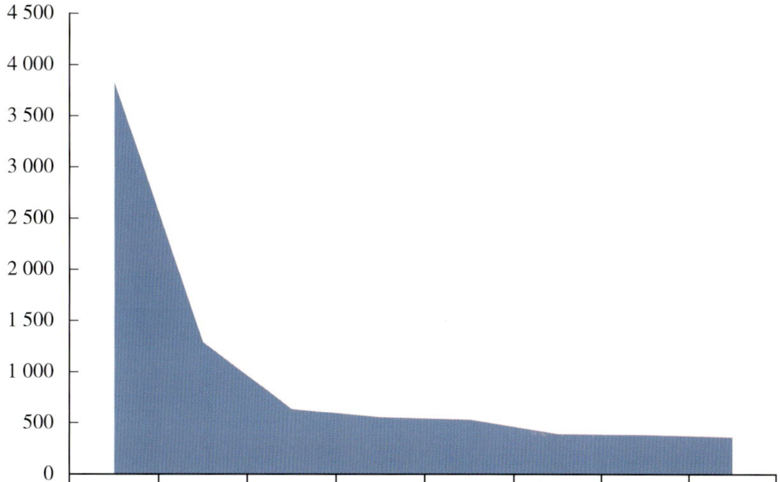

	落水	风灾	摔倒	碰撞	物体打击	起网（重）伤害	淹溺	陆上事故
■ 死亡数量（人）	3 831	1 289	638	556	532	393	385	364

图 3–3　渔民死亡原因分析图

占全部渔民伤残事故的23.20%；摔倒造成渔民伤残17 724人（次），占18.36%；起网（重）伤害造成渔民伤残12 811人（次），占13.27%；机械伤害造成渔民伤残12 193人（次），占12.63%；渔船触碰造成渔民伤残3 855人（次），占3.99%；落水造成渔民伤残1 928人（次），占2.00%；渔船碰撞造成渔民伤残1 836人（次），占1.90%；坠落造成渔民伤残1 643人（次），占1.70%；渔船搁浅造成渔民伤残1 520人（次），占1.57%；陆上事故造成渔民伤残1 505人（次），占1.56%（图3-4）。

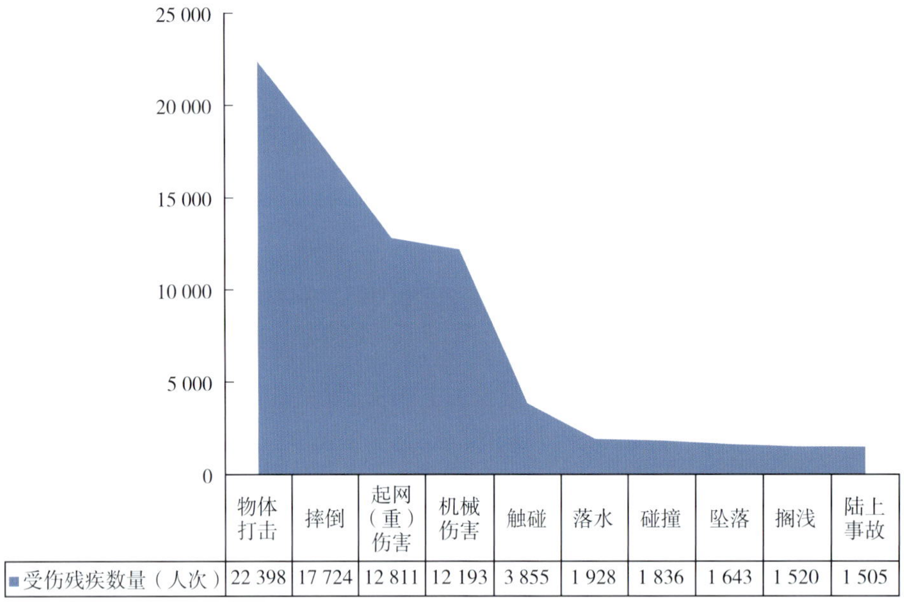

图3-4　渔民受伤残疾原因分析图

结论二十一：物体打击、摔倒、起网（重）伤害和机械伤害是造成渔民伤残的四大主要原因

3.5　渔民事故发生时间分布分析

3.5.1　渔民事故总体发生时间分布分析

每年9月至11月是渔民事故发生的大高峰期，而2月和休渔期是渔民事故发生的低峰期（图3-5）。9月至11月是捕捞作业的黄金期，而春节和休渔期期间捕捞作业量明显减小，因此，渔民事故总体发生时间分布特征与上文所得出的“绝大多数渔民事故是船上作业事故”结论相互印证。

结论二十二：捕捞生产作业量与渔民事故的发生正相关

3.5.2　渔民死亡事故发生时间分布分析

每年11月是渔民死亡事故发生的高峰期，而2月和休渔期是渔民事故发生的低峰期（图3-6）。

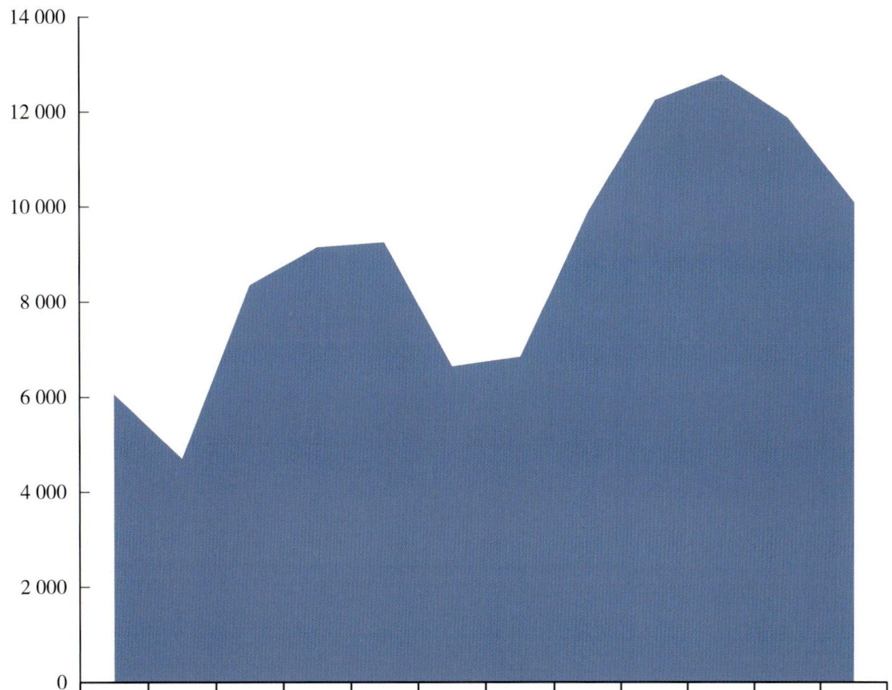

	01	02	03	04	05	06	07	08	09	10	11	12
■总体事故情况	6 068	4 698	8 351	9 150	9 256	6 643	6 844	9 893	12 246	12 779	11 872	10 087

图 3-5　渔民事故总体发生时间分布图

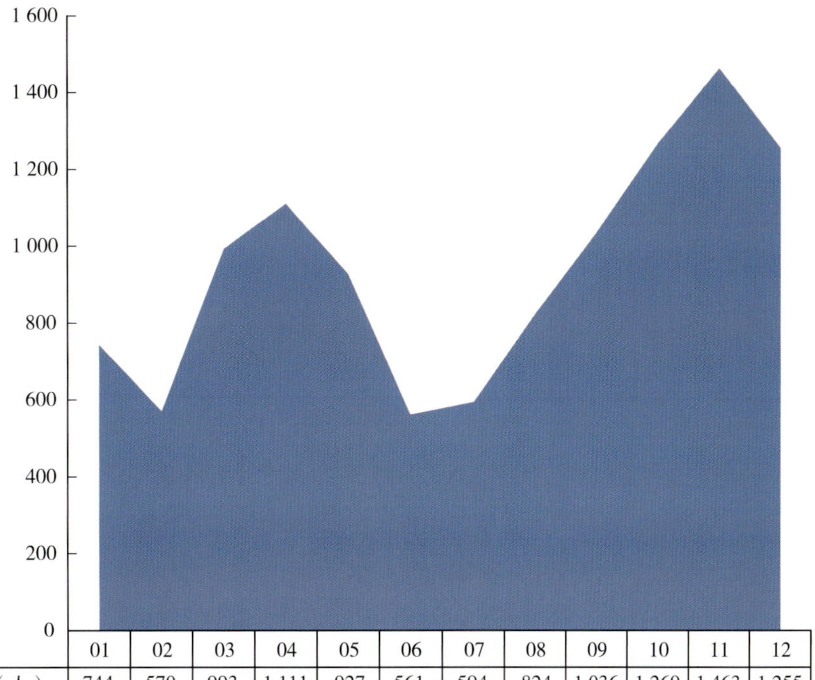

	01	02	03	04	05	06	07	08	09	10	11	12
■死亡（人）	744	570	993	1 111	927	561	594	824	1 036	1 269	1 463	1 255

图 3-6　渔民死亡事故发生时间分布图

3.5.3 渔民受伤残疾事故发生时间分布分析

渔民受伤残疾事故发生的时间分布情况基本与渔民事故总体发生时间分布一致，其主要原因是大量的渔民事故是受伤残疾事故（图 3-7）。

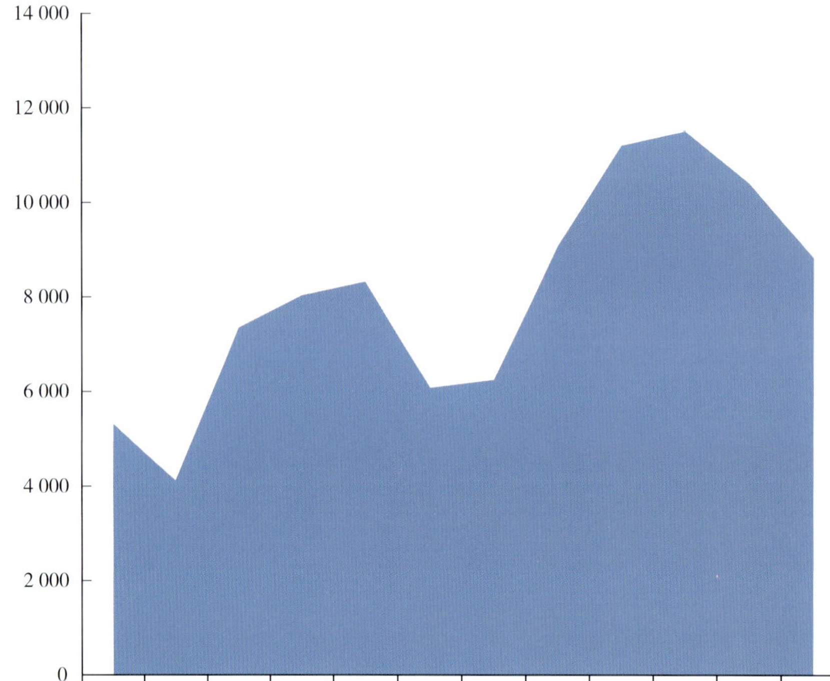

	01	02	03	04	05	06	07	08	09	10	11	12
■受伤残疾（人次）	5 324	4 128	7 358	8 039	8 329	6 082	6 250	9 069	11 210	11 510	10 409	8 832

图 3-7　渔民受伤残疾事故发生时间分布图

4

分析报告的基本结论

4 分析报告的基本结论

4.1 结论一：近十年渔船事故发生率总体呈现下降趋势

1994—2015年，协会共承保渔船661 058艘（次），承保渔船共出险79 450艘（次），总体事故率为12.02%。2002年，渔船总体事故率为25.46%，达到近二十多年间的最高值。而自2006年起，渔船总体事故率呈现逐步下降趋势，尤其是2014年，当年渔船事故率下降到7.67%，为近二十多年间的最低值。自2009年以来，渔船事故率均低于近二十多年的平均值12.02%。

4.2 结论二：半数以上渔船事故是碰撞事故

1994—2015年，协会共承保渔船661 058艘（次），承保渔船共出险79 450艘（次），总出险率为12.02%。其中：碰撞事故42 233艘（次），占53.16%；风灾事故11 081艘（次），占13.95%；触损事故7 738艘（次），占9.74%；搁浅事故5 030艘（次），占6.33%；触礁事故4 528艘（次），占5.70%；单独机损事故2 629艘（次），占3.31%；火灾事故2 329艘（次），占2.93%。

4.3 结论三：风灾是造成渔船全部损失的主要事故

1994—2015年这22年间，出险渔船发生全损事故的共有2 996艘（次）。其中，风灾事故为1 366艘（次），占45.59%；自沉事故为473艘（次），占15.79%；碰撞事故为286艘（次），占9.55%；火灾事故为268艘（次），占8.95%；触礁事故为228艘（次），占7.61%；搁浅事故为78艘

（次），占 2.60%；触损事故为 61 艘（次），占 2.04%。

4.4 结论四：碰撞是造成渔船部分损失的主要事故

1994—2015 年这 22 年间，出险渔船发生部分损失事故的共有 76 454 艘（次）。其中，碰撞事故为 41 947 艘（次），占 54.87%；风灾事故为 9 715 艘（次），占 12.71%；触损事故为 7 677 艘（次），占 10.04%；搁浅事故为 4 952 艘（次），占 6.48%；触礁事故为 4 300 艘（次），占 5.62%；火灾事故为 2 061 艘（次），占 2.70%。

4.5 结论五：木质渔船发生全部损失的概率远高于钢质渔船

钢质渔船发生全损事故共计 490 艘（次），占全部钢质渔船事故的 0.83%；发生部分损失事故共计 58 401 艘（次），占 99.17%。木质渔船发生全损事故共计 2 280 艘（次），占全部木质渔船事故的 13.28%；发生部分损失事故共计 14 889 艘（次），占 86.72%。

4.6 结论六：渔船船龄越大发生全部损失的概率越大

船龄在 5 年及以下的渔船发生全损事故共计 850 艘（次），占全部船龄在 5 年及以下渔船事故的 2.57%；船龄在 5 年以上、10 年及以下的渔船发生全损事故共计 813 艘（次），占全部船龄在 5 年以上、10 年及以下渔船事故的 3.45%；船龄在 10 年以上、15 年及以下的渔船发生全损事故共计 706 艘（次），占全部船龄在 10 年以上、15 年及以下渔船事故的 4.97%；船龄在 15 年以上、20 年及以下的渔船发生全损事故共计 401 艘（次），占全部船龄在 15 年以上、20 年及以下渔船事故的 6.55%；船龄在 20 年以上的渔船发生全损事故共计 196 艘（次），占全部船龄在 20 年以上渔船事故的 12.07%。

4.7 结论七：主机功率60马力（44.1千瓦）及以下渔船发生全部损失的概率远高于60马力（44.1千瓦）以上渔船

主机功率在 60 马力（44.1 千瓦）及以下的渔船发生全损事故共计 1 232 艘（次），占全部主机功率在 60 马力（44.1 千瓦）及以下渔船事故的 16.27%；主机功率在 60 马力（44.1 千瓦）以上、200 马力（147 千瓦）及以下的渔船发生全损事故共计 1 034 艘（次），占全部主机功率在 60 马力（44.1 千瓦）以上、200 马力（147 千瓦）及以下渔船事故的 3.97%；主机功率在 200 马力（147 千瓦）以上、600 马力（441 千瓦）及以下的渔船发生全损事故共计 542 艘（次），占全部主机功率在 200 马力（147 千瓦）以上、600 马力（441 千瓦）及以下渔船事故的 1.30%；主机功率在 600 马力（441 千瓦）以上的渔船发生全损事故共计188艘（次），占全部主机功率在600马力（441千瓦）以上渔船事故的4.62%。

4.8 结论八：操纵不当和瞭望疏忽等人为因素是导致碰撞、触损、触礁和搁浅事故发生的最主要原因；不良天气状况、机械设备故障等意外事件是导致碰撞、触损、触礁和搁浅事故发生的影响因素

导致碰撞事故发生的原因可分为三大类：一是人为因素，包括操纵不当和瞭望疏忽，占全部碰撞事故的48.75%；二是天气因素，包括恶劣海况和能见度不良，占全部碰撞事故的18.55%；三是意外事件，包括机械设备故障、被不明船舶撞损和走锚，占全部碰撞事故的25.73%。人为因素是导致碰撞事故发生的主要因素。

操纵不当、机械设备故障和恶劣海况是导致触损事故发生的主要原因。在与碰撞、触礁和搁浅事故原因的横向比较中可以发现，机械设备故障在导致触损事故发生的因素中所占比重较大。

近半数触礁事故是由于操纵不当这一人为因素造成的，这可能在一定程度上与船长等职务船员对海域地形的熟悉程度有关。另一个重要影响因素是天气因素，因能见度不良和恶劣海况导致的触礁事故超过四分之一。

导致搁浅事故发生的原因可分为二大类：一是人为因素，包括操纵不当和瞭望疏忽，占全部搁浅事故的39.44%；二是天气因素，包括恶劣海况和能见度不良，占全部搁浅事故的38.57%。在与碰撞、触损和触礁事故原因的横向比较中可以发现，天气因素在导致搁浅事故发生的因素中所占比重较大。

4.9 结论九：电器设备（包括线路）起火是导致火灾事故发生的最主要原因

在渔船火灾事故中，由于电器设备起火（包括线路）所导致的火灾事故1 011艘（次），占全部火灾事故的43.41%；由于机舱失火所导致的火灾事故422艘（次），占全部火灾事故的18.12%；由于修理用火所导致的火灾事故234艘（次），占全部火灾事故的10.05%；由于生活用火所导致的火灾事故211艘（次），占全部火灾事故的9.06%。

4.10 结论十：每年的春节、休渔期和12月是三个重要时间节点，对事故发生的时间分布有重要影响

每年5月和10月是碰撞事故发生的高峰期，而2月和7月是碰撞事故发生的低峰期。每年5月和6月是触损事故发生的高峰期，而2月是触损事故发生的低峰期。每年5月和12月是触礁事故发生的高峰期，而2月是触礁事故发生的低峰期。每

年2月是搁浅事故发生的低峰期。每年7月和8月是风灾事故发生的高峰期，而1月和2月是风灾事故发生的低峰期。每年12月是火灾事故发生的高峰期。

4.11 结论十一：钢质渔船事故种类较为集中，而木质渔船事故种类较为分散

钢质渔船发生碰撞事故占钢质渔船全部事故的57.36%。木质渔船发生碰撞事故占木质渔船全部事故的39.62%；发生风灾事故占18.30%；发生触损事故占12.67%；发生搁浅事故占9.37%；发生触礁事故占8.43%。

4.12 结论十二：渔船船龄越大，火灾事故所占比重越大

船龄在5年及以下的渔船发生火灾事故共计788艘（次），占船龄在5年及以下渔船全部事故的2.42%；船龄在5年以上但10年及以下的渔船发生火灾事故共计558艘（次），占2.40%；船龄在10年以上但15年及以下的渔船发生火灾事故共计564艘（次），占4.00%；船龄在15年以上但20年及以下的渔船发生风灾事故共计271艘（次），占4.46%；船龄在20年以上的渔船发生火灾事故共计85艘（次），占5.24%。

该结论与上述“结论九：电器设备（包括线路）起火是导致火灾事故发生的最主要原因”相互印证。一般情况下，渔船船龄越大，船上电器设备（包括线路）的老化程度越明显、越容易发生起火等意外事故，而电器设备（包括线路）起火是导致火灾事故发生的最主要原因。因此，渔船船龄越大，火灾事故所占比重越大。

4.13 结论十三：船龄20年以上的渔船搁浅事故所占比重陡然增加

船龄在5年及以下的渔船发生搁浅事故共计2 312艘（次），占船龄在5年及以下渔船全部事故的7.09%；船龄在5年以上但10年及以下的渔船发生搁浅事故共计1 383艘（次），占5.94%；船龄在10年以上但15年及以下的渔船发生搁浅事故共计656艘（次），占4.65%；船龄在15年以上但20年及以下的渔船发生搁浅事故共计285艘（次），占4.69%；船龄在20年以上的渔船发生搁浅事故共计239艘（次），占14.74%。

4.14 结论十四：渔船主机功率越大，碰撞事故所占比重越大

主机功率在60马力（44.1千瓦）及以下的渔船发生碰撞事故共计3 246艘（次），占主机功率在60马力（44.1千瓦）及以下渔船全部事故的43.44%；主机功率在60马力（44.1千瓦）以上但200马力（147千瓦）及以下的渔船发生碰撞事故共计12 395艘（次），占48.35%；主机功率在200马力（147千瓦）以上但600马力（441千瓦）及以下的渔船发生碰撞事故共计23 497艘（次），占56.76%；主机功率

在600马力（441千瓦）以上的渔船发生碰撞事故共计2 643艘（次），占65.32%。

4.15 结论十五：渔船主机功率越小，风灾事故所占比重越大

主机功率在60马力（44.1千瓦）及以下的渔船发生风灾事故共计1 727艘（次），占主机功率在60马力（44.1千瓦）及以下渔船全部事故的23.11%；主机功率在60马力（44.1千瓦）以上但200马力（147千瓦）及以下的渔船发生风灾事故共计4 929艘（次），占19.23%；主机功率在200马力（147千瓦）以上但600马力（441千瓦）及以下的渔船发生风灾事故共计4 093艘（次），占9.89%；主机功率在600马力（441千瓦）以上的渔船发生风灾事故共计269艘（次），占6.65%。

4.16 结论十六：近十年渔民事故发生率总体呈现下降趋势

1994—2015年，协会共承保渔民9 398 155人（次），承保渔民共出险107 887人（次），总出险率为1.15%。2004年，渔民事故率上升到1.86%，为近二十多年间的最高值。此后，渔民总体事故率呈现逐步下降趋势，尤其是2013年，当年渔民事故率下降到0.87%，为近二十多年间的最低值。自2010年以来，渔船事故率均低于近二十多年的平均值1.15%。

4.17 结论十七：绝大多数渔民事故是船上作业事故

1994—2015年，协会承保的渔民共有107 887人（次）出险，其中：船上作业事故91 499人（次），占全部出险人（次）的84.81%；修船期间事故4 760人（次），占4.41%；陆上事故2 790人（次），占2.59%；水上交通事故1 778人（次），占1.65%。

4.18 结论十八：船上作业事故具有高致死率和高致伤残率的特点

船上作业事故造成的渔民死亡人数为8 699人，致死率为十万分之九十三；船上作业事故造成的渔民受伤残疾为82 800人（次），致伤残率为十万分之八百八十一。

4.19 结论十九：水上交通事故致死率高于修船期间事故和陆上事故，但致伤残率低于修船期间事故和陆上事故

修船期间事故造成的渔民死亡人数为208人，致死率为十万分之二；陆上事故造成的渔民死亡人数为502人，致死率为十万分之五；水上交通事故造成的渔民死亡人数为390人，致死率为十万分之十五。

修船期间事故造成的渔民受伤残疾

为4 552人（次），致伤残率为十万分之四十八；陆上事故造成的渔民受伤残疾为2 288人（次），致伤残率为十万分之二十四；水上交通事故造成的渔民受伤残疾为390人（次），致伤残率为十万分之四。

4.20 结论二十：落水是造成渔民死亡的最主要原因

落水造成渔民死亡3 831人，占全部渔民死亡人数的33.76%；风灾造成渔民死亡1 289人，占11.36%；摔倒造成渔民死亡638人，占5.62%；渔船碰撞造成渔民死亡556人，占4.90%；物体打击造成渔民死亡532人，占4.69%；起网（重）伤害造成渔民死亡393人，占3.46%；淹溺造成渔民死亡385人，占3.39%；陆上事故造成渔民死亡364人，占3.21%。

4.21 结论二十一：物体打击、摔倒、起网（重）伤害和机械伤害是造成渔民伤残的四大主要原因

物体打击造成渔民伤残22 398人（次），占全部渔民伤残事故的23.20%；摔倒造成渔民伤残17 724人（次），占18.36%；起网（重）伤害造成渔民伤残12 811人（次），占13.27%；机械伤害造成渔民伤残12 193人（次），占12.63%。

4.22 结论二十二：捕捞生产作业量与渔民事故的发生正相关

每年9月至11月是渔民事故发生的高峰期，而2月和休渔期是渔民事故发生的低峰期。9月至11月是捕捞作业的黄金期，而春节和休渔期期间捕捞作业量明显减小，因此，渔民事故总体发生时间分布特征与上文所得出的“绝大多数渔民事故是船上作业事故”结论相互印证。

5

渔业安全生产管理建议

5 渔业安全生产管理建议

5.1 关于碰撞事故的防范与应对

根据结论二：半数以上渔船事故是碰撞事故，结论四：碰撞是造成渔船部分损失的主要事故，结论十九：水上交通事故致死率高于修船期间事故和陆上事故，本分析报告认为，做好碰撞事故的防范和应对工作，是抓好渔船安全生产工作的重点内容。碰撞事故的防范和应对，以渔船遵守安全航行规则、碰撞事故应急处置措施等内容为主（有关参考资料详见附录一）。为更大程度上保障自身经济利益，渔船船东在对渔船财产购买保险时，应尽可能投保渔船综合险或一切险。

5.2 关于风灾事故的应对

根据结论三：风灾是造成渔船全部损失的主要事故，本分析报告认为，做好风灾事故的应对工作，能有效减少沉船事故的发生。防抗台风是应对风灾事故的重点，以台风天气船员应急准备、船舶防抗台风方法、台风天气海上航行要点等内容为主（有关参考资料详见附录二）。

5.3 关于渔船船员安全培训

根据结论八：操纵不当和瞭望疏忽等人为因素是导致碰撞、触损、触礁和搁浅事故发生的最主要原因；不良天气状况、机械设备故障等意外事件是导致碰撞、触损、触礁和搁浅事故发生的影响因素，本分析报告认为，应该重视渔船船员的安全培训教育工作。对渔船船员安全培训的侧重点在于规范化操作、不良天气状况下的应对措施、意外事件应急处理方法等方面内容（有关参考资料详见附录三）。

此外，历年来协会在理赔案件处理过

程中发现，渔船在海上捕捞作业时职务船员配备不齐的情况普遍存在。这一问题应得到渔业行政管理部门的高度重视，并积极采取措施化解其对渔业安全生产工作所带来的负面影响。

5.4 关于老旧渔船管理

根据结论十二：渔船船龄越大则火灾事故所占比重越大，结论七：电器设备（包括线路）起火是导致火灾事故发生的最主要原因，结论十三：船龄20年以上的渔船搁浅事故所占比重陡然增加，本分析报告认为，有必要加强对老旧渔船的管理工作。老旧渔船的管理应以火灾事故和搁浅事故的防范与应对为主要内容（有关参考资料详见附录四），同时，应防范少数渔船船东故意制造安全故事损毁渔船财产从而骗取相关财政补贴资金和保险赔偿金的不道德行为。

5.5 关于渔业安全工作的延伸

根据结论五：木质渔船发生全部损失的概率远高于钢质渔船，结论十五：渔船主机功率越小则风灾事故所占比重越大，本分析报告认为，渔业安全工作应该考虑向渔船设计建造标准化管理方面延伸。逐步淘汰木质渔船、小型渔船，在新建造的渔船中推广使用安全性能更好的建造标准。

此外，协会近年来对渔船安装球鼻艏的利弊进行了研究，并形成了《渔船安装球鼻艏的风险调研报告》（调研报告详见附录五）。在调研过程中发现，由于没有明确的安装与建造标准，各船厂安装建造的球鼻艏缺乏规范性，往往无法达到减阻节能的效果，反而提高了船舶建造成本，加重了碰撞事故中受损船舶的损失程度，并且造成了越来越多的碰撞事故和触损事故的发生。调研报告建议：在修订《钢质渔船建造规范》时，要对船体球鼻艏部分内容细化，并明确检验规则标准；对于需要安装球鼻艏的渔船，应严格按照标准船型中球鼻艏的安装规范标准进行施工；在渔船设计图上要明确标准内容。

5.6 关于渔业安全装备的研发

根据结论十七：绝大多数渔民事故是船上作业事故，结论十八：船上作业事故具有高致死率和高致伤残率的特点，结论二十：落水是造成渔民死亡的最主要原因，结论二十一：物体打击、摔倒、起网（重）伤害和机构伤害是造成渔民伤残的四大主要原因，本分析报告认为，有必要投入资源研发和推广使用渔船安全生产设备和船员安全生产防护穿戴装备。

附录一
碰撞事故的防范与应对

一、渔船安全航行规则

渔船驾驶和航行安全的核心是全体驾驶值班人员必须严格遵守《1972年国际海上避碰规则》，遵章驾驶，规范操作，确保船舶航行安全。

（一）加强瞭望要点

1. 落实值班人员瞭望岗位职责，充分掌握各项瞭望要点。

2. 充分利用视觉、听觉、雷达、望远镜、甚高频无线电话等瞭望手段。

3. 发挥瞭望安全作用，对当时的局面作出充分估计，对当时的碰撞危险作出充分估计。

（二）保持安全航速要点

1. 经常性：即在任何时候均应保持安全航速。

2. 应变性：即能采取适当而有效的措施，以避免碰撞。

3. 适应性：即能适合当时环境及情况的需要，在安全距离内把船停住。

（三）及时处置碰撞危险，采取避免碰撞行动要点

1. 每一艘船舶应用适合当时环境和情况的一切有效手段断定是否存在碰撞危险，如有任何怀疑，则应认为存在这种危险。

2. 不应当根据不充分的资料，特别是不充分的雷达资料作出判断。

3. 在断定是否存在碰撞危险时，考虑的因素中应包括以下各点：

（1）如果来船的罗经方位没有明显的变化，应认为存在这种危险；

（2）即使有明显的方位变化，有时也可能存在这种危险，特别是在驶近一艘很大的船舶或拖带船组时，或是在近距离驶近他船时。

（四）遵守狭水道航行规则要点

1. 船舶沿狭水道行驶时，只要安全可

行，应尽量靠近本船右舷的该水道或航道的外缘行驶。

2. 从事捕鱼的船舶，不应妨碍任何其他在狭水道内航行的船舶通行。

3. 船舶不应穿越狭水道或航道，应避免在狭水道内锚泊。

（五）遵守分道通航制规则要点

1. 在相应的通航分道内顺着该分道的船舶总流向行驶。

2. 尽可能让开通航分隔线或分隔带。

3. 尽可能避免穿越通航分道，但如不得不穿越时，则应尽可能与分道的船舶总流向成直角的航向穿越。

（六）遵守互见中行动规则要点

1. 两船在不同舷受风时，左舷受风的船应给他船让路。

2. 两船在同舷受风时，上风船应给下风船让路。

3. 当一船对其是否在追越他船有任何怀疑时，该船应假定是在追越，并应采取相应的行动。

4. 当两艘机动船在相反或接近相反的航向上相遇致有构成碰撞危险时，各应向右转向，从而互从他船的左舷通过。

5. 当两艘机动船交叉相遇致有构成碰撞危险时，由他船在本船右舷的船舶给他船让路，如当时环境许可，还应避免横越他船的前方。

6. 须给他船让路的船舶，应尽可能及早采取大幅度的行动，宽裕地让清他船。

7. 两船中的一船应给另一船让路时，另一船应保持航向、航速。

8. 机动船应给失控船、操限船、从事捕鱼船及帆船让路；捕鱼船应给失控船、操限船让路。

（七）遵守能见度不良时行动规则要点

1. 每一船舶应以适合当时能见度的环境和情况的安全航速行驶，机动船应将机器作好随时操纵准备。

2. 除已断定不存在碰撞危险外，每一船舶当听到他船的雾号显示在本船正横以前，或者与正横前的他船不能避免紧迫局面时，应将航速减到能维持其航向的最小速度。必要时，应把船完全停住，而且，无论如何，应极其谨慎地驾驶，直到碰撞危险过去为止。

（八）明确《避碰规则》“责任”，避免“疏忽”

1. 避免“对遵守《规则》各条的疏忽”。

2. 避免“对海员通常做法可能要求的任何戒备上的疏忽”。

3. 避免“对当时特殊情况可能要求的任何戒备上的疏忽”。

（九）《避碰规则》的“背离”原则与基本要求

1. 背离的原则

背离规则采取行动是一种非常严肃的法律行为，它仅适用于按照《避碰规则》正常规定措施已满足不了避免碰撞危险和紧迫危险局面的需要。

2. 基本要求

（1）严格把握时机，不可随意背离《避碰规则》。

（2）利用一切有效手段及信号表明本船所采取的一切背离《避碰规则》的行动。

（3）尽力运用良好的船艺以避免碰撞

或者尽最大努力以减少碰撞损失。

二、防范渔船与商船之间的碰撞

1. 掌握渔区、鱼汛信息，尽可能避开商船习惯航路和交通流密集水域作业。

渔船应了解水道、航路分布，尽量避免超渔区捕鱼，尽可能避免穿越通航密集区域。商船具有惯性大、线型尺度大、盲区大等特点。在航商船产生的船行波和船间效应，对重量相对较小，稳性较差的渔船易造成毁灭性的影响，如浪损、倾覆和碰撞。

2. 遵守相关海上避碰规则，加强值班，特别是夜班的航行、作业值班，加强瞭望。

由于渔船较小，多是木质结构，反射雷达波的能力较弱，不容易被探测到，探测到也容易被当作假回波处理，等到商船瞭望人员发现往往为时已晚。

3. 开启船上雷达、AIS（船舶自动识别系统）（船舶自动识别系统）设备，显示正确的号灯号型。

渔船要保证船上雷达、AIS（船舶自动识别系统）等设备处于正常工作状态。AIS（船舶自动识别系统）和雷达等助航设备，不受自然条件干扰，可以在恶劣天气情况下收发船舶信息，有助于及时发现附近船舶动态，提前采取避让行动，商船也可以根据渔船发出的AIS（船舶自动识别系统）信号，及时作为，避免紧迫局面的产生。同时渔船在捕捞作业过程中还应该显示正确的号灯号型，安排值班人员值守驾驶台，及时发布预警信息。

4. 渔船应尽可能编队出海作业，甚高频要按规定保持守听，主动做好与其他船舶的沟通联系。

5. 严禁超抗风等级、超航区、超载、载客，禁止“抢船头”航行。

6. 确保船舶适航状态，提高从业人员素质。渔业船舶生产经营者（船东）对渔业船舶安全生产负有主要责任，应切实保证渔船开航前处于适航状态，严禁“带病”出海。驾驶、轮机、通讯等岗位人员应配备齐全，持证上岗，并经过安全基本技能训练。船体及各种设备应保养、维修并通过专业检验，消防救生设备处于随时可用状态。

三、发生碰撞后应急处置措施

1. 航行或作业渔船，立即停车，检查船舶碰损情况；在及时发出求救警报的同时，组织全船人员奋力抢救。

2. 破损轻的船应及时配合破损严重的船只积极抢救；如果系本船导致他船沉没的，应积极搜救沉船上人员，严禁逃逸。

3. 当船艏撞入他船船身时，不能盲目倒车，以防他船瞬间加大进水量，可适当慢车，利用船艏堵住破洞，必要时还应带缆防止船艏滑出，待他船做好堵漏准备工作后，方可退出。

4. 被撞破损进水船在尽力尽快采取堵漏措施的同时，应利用污水泵、总用泵、压载泵、消防泵、潜水泵及主机海水泵等及时排出舱内积水。

5. 当有风浪影响时，应将船舶破损的

一侧置于下风，减少进水，尽全力保持船舶动力。

6. 被碰撞和施救船要关注碰撞对象的基本特征。如：船号、船体基本特征，船体颜色等，以便于寻找肇事逃逸船。

7. 当被撞损船经抢救后免于沉没时，其他船应护航返港。

附录二
风灾事故的防范与应对

一、台风天气船员应急准备

（一）有效利用可用信息

风暴和低气压是由压力和温度的变化而形成的。船员可以通过区域增强群呼、航行安全指南、世界海洋航线等多种方式获得季节性区域和海上安全信息。因此，如果能获取预计航线上会出现恶劣天气信息的话，可以提前规划替代路线。

（二）研究天气报告

通常天气预报和气象传真会对不稳定的天气情况给予提醒。因此，由驾驶员仔细选择导航区域及其天气预报有助于获得风暴预报信息。通过对各种气象仪器和船上天气的频繁观测可以确定天气报告。

（三）远离风暴中心

一旦风暴或者低气压被确定，确定船舶与风暴眼、低气压中心和风暴的轨迹和路径的距离是至关重要的。在北半球，迎风并将台风中心置于船艏右边90°～135°，南半球在左边。明智的做法是保持与风暴眼至少250英里（217海里）的距离，有些公司会在其安全管理手册里注明具体的安全距离。

（四）检查船舶稳性

严格检查渔船各种工况是否符合完整稳性衡准是必须的。开航前还应做好渔船的破舱稳性条件评估，确保船舶符合破舱稳性或抗沉性要求。船舶在穿越恶劣天气时，可以通过增加压载来降低船舶重心高度，以提高船舶稳性。

（五）减少压载舱的自由面影响

作为好的航海技术的一部分，提升压载舱中水位高度，使压载水液面面积尽量小，好的货物配载计划和压载计划应该是半载或者未满载的压载舱数量达到最小，从而减少自由液面对稳性的不利影响。

（六）在改变航速、角度和方向时要谨慎

通常因风暴或者低气压而形成的波浪

会造成船舶稳性的减少，船舶大角度的摇摆易导致船舶倾覆。国际海事组织通函 MSC1228 提供了关于安全减速、改变角度和方向的指导意见。改变航向和与海浪遭遇的角度，以此来调整与海浪的遭遇周期，避免同步横摇运动。

（七）保证甲板上未固定设备的安全

对于干舷较低的船舶来说，甲板是被海水冲击频率最高的地方，因而为了保证甲板上各项设备不被冲入海中，同时减少重量移动对稳性的不利影响，要用额外的绑扎工具将设备绑扎好，剩下的绑扎工具要用来固定船锚、救生艇、救生圈和救生筏。

（八）关闭水密和风雨密进出口

各种水密或者风雨密的开口，例如边舱口、货舱盖、舷窗、门、人孔等保持关闭以防止任何的水进入。漏水，不密闭的垫圈或者未固定好的门或舱盖等会使货舱或者生活区受到影响。在驾驶台可以远程监控水密门等水密设备的状态，它们的关闭情况要在开航前得到确认。

（九）舱壁上的安全门

特别要强调的是要确保船首防撞舱壁的水密性，艏尖舱口、渔货舱口、通风筒、空气管等必须要确保关闭。这些空间一般存放系泊设备和一些电动、液压机器。锚链孔盖必须事先确保系固。污水井的警报做好常规试验以便可以较早得到进水的警报。任何会导致进水的水密设备必须确保关闭。

（十）排水口必须保持通畅

甲板上的所有排水口必须保持畅通，以防水在甲板上积聚。

（十一）固定天线

所有的天线必须要在风速增强之前得到固定。风的力量足以吹断或者破坏天线。风暴经常伴随着雷和闪电，因此所有的天线要保持接地，所有低绝缘的警报都要仔细核查。

（十二）检查主机转速以避免主机负荷不稳定

船舶不稳定的状态会导致主机负荷的不稳定，一个合理设置的主机转速能保证船舶主机负荷能在一个可允许的限度内波动。

二、船舶防抗台风方法

船舶防抗台风的方法归纳起来有三种：①码头，系泊抗台。②锚地，锚泊抗台（包括系浮筒抗台）。③出海，海上抗台。

港内作业的船舶在选择哪一种方法防抗台风时要充分考虑以下几点：①船舶自身的抗台能力。②港口的地理环境（包括码头、锚地、外海的地理环境）。③台风的发展动向，对本港可能的最坏影响。而后再做出选择。这其中还要兼顾生产的利益，把握好采取措施的时机。太早，则不利于生产，对租家、船公司的经济效益有影响；太迟，则对船舶安全造成威胁。所以，在做出选择时要全盘考虑，顾全大局，以船、货、人员的安全为第一考虑因素，要提前做好准备，当时机成熟，则当机立断，果断采取措施，以期防抗台成功。

（一）港内系泊抗台应采取的应对措施

1. 增加吃水，尽量减小船体的受风面积。

2. 保证适度的稳性。

3. 准备好碰垫，与港方联系，尽量清理本船周围的他船，要与他船或障碍物保持一定的安全距离，港口的吊机设备等，尽可能移离本船至安全距离。

4. 分析泊位走向及可能的受风方向和风力，是否会受风暴潮的影响等。与港方联系，在台风没来之前把船移至不受风暴潮影响的泊位。

5. 调整系缆，合理使用缆桩，系缆点不要过分集中，勿使系缆上下垂直受力，出缆角度要保持水平分力大于垂直分力，缆绳要受力均衡，各系缆与船体的摩擦部分要包扎并垫好寸垫以防摩断。如果条件许可，也可以在主要受力的缆绳上挂以重物，或者接上一段锚链以增加系缆的弹性。

6. 测定码头泊位的水深，计算潮时、潮高、潮流，观察是否有异常水流。

（二）锚地锚泊抗台（包括系浮筒抗台）的应对措施

1. 选择好锚位。根据港口锚地的地理环境选择合适的锚位。要注意以下几个方面：锚位要能遮蔽台风的强风，了解锚地底质的情况，水深的情况，锚地是否宽敞，水流情况，周围锚泊船的情况，是否有显著物标定位。

2. 准备抛“一点锚”抗台。当船舶已受台风风系影响，风力达6～7级时方可抛“一点锚”。抛锚时双锚尽可能同时抛下，松链时应尽量同步，以避免锚链绞缠。“一点锚”的偏荡较大，应注意与其他锚泊船的距离。

3. 保证适度的稳性。用车、舵配合抑制船舶的偏荡。用车时，不要贸然使用高车速，不宜令主机忽开忽停，车速忽高忽低。按风力的强弱和锚链受力情况让主机的转速采用逐步增大或减小。车速高低应使锚链保持一定的受力为限。如船舶横向受风，锚链打横时不要盲目动车顶风，这样会增加锚链的负荷，只有当锚链靠近船头方向时，方可酌情动车。操舵的目的是让船艏和风向保持一个不大的风舷角，同时务必使风向稳定在一侧。

4. 如果发现走锚、断链，应立即果断起锚或弃锚出海抗台。防止触碰他船或搁浅。

5. 与轮机长密切配合，要确保主机、辅机、锚机、舵机、锅炉处于正常工作状态。

6. 船头值班人员要系好安全绳，与驾驶台保持联系，注意保护人员的安全。

7. 锚链系浮筒抗台时，应注意出链长度，防止风浪大时断链。如果预计风力较大，还可抛下另一侧锚，同时松长双链均匀受力，成“一点锚”状态。

（三）出海海上防台的应对措施

1. 船舶应有足够的稳性。调整压载水，增加吃水，减少船舶的受风面积。

2. 及时接收、分析台风警报。掌握台风发展运动情况，与现场气象观察结果比较，判断本船是否已受台风风系影响以及本船在台风进路的相对位置，进而采取相应的海上避台方法，离开台风中心，避开强风区。

3. 仔细研究避台海域的情况。选择水深相对较浅，航海障碍物较少，定位物标好的开阔海域滞航抗台。

4. 保证四机一炉处于正常工作状态。

5. 注意大风浪中的船舶操纵要点。对

航向、航速作适当调整，控制船舶尽量减小横摇的次数和幅度，防止货物移动。使船艏与风浪呈30°角，减小船体的受力。谨防船被风浪打横。在大风浪中调头，一定要遵循“船速慢，舵效好”的基本操作方法。要选准海面较平静的一段时间开始调头，力争在下一组第一个大浪到来之前渡过横风横浪的危险区段，并调头完毕。

6. 台风过境后，涌浪大增，此时更应该谨慎操船，防止横摇，控制好船位，防止船舶被涌浪推进危险海域。

三、台风天气海上航行要点

在海上航行的船舶遭遇台风时，为了避免被卷入台风中心或中心外围暴风区，一般采取避航方法。船舶可根据台风的动态和强度不失时机地改变航向和航速，使船位与台风中心保持一定的距离，处于本船所能抗御的风力等级的大风范围以外。台风右半圆的风向和台风的移动路线接近一致，右半圆风速比左半圆大；而且绝大多数台风都是向右转向，容易把处在右半圆的船舶卷入台风中心。因此在航海上把台风的右半圆称为“危险半圆”，把左半圆称为“可航半圆”。

船舶在海上遇到台风时，应根据台风的情况和动态预报以及现场观测的风力、风向和气压的变化情况判明本身所在位置，以便采取适当的航行方法，尽快远离台风中心。

判断船位的方法和应采取的航行措施如下：

1. 风向顺时针变化，气压不断下降，风力逐渐增大，此时船位是处在台风的危险半圆的前半部，即危险象限，应以船首右舷顶风全速航行。

2. 风向逆时针变化，气压不断下降，风力逐渐增大，此时船位是处在台风的可航半圆的前半部，应以右舷船艉受风全速航行。

3. 风向不变，气压不断下降，风力逐渐增大，此时船位是处在台风的进路上，应以右舷船艉受风全速航行。

附录三
渔船船员培训要点

一、能见度不良海况的风险防范

雾、雪、霾等天气现象，造成了洋面能见度不良，特别是雾对能见度有很大影响。因此，渔船在海上要十分注意安全航行。

在海上用肉眼所能见到的最大距离，称能见度。出现了雾或其他的情况，会使海上能见度变差，影响船舶的航行安全。为了确保航行安全，渔船驾驶人员必须懂得掌握影响海面能见度的知识，在雾中或能见度不良的海区航行，要严格遵守《1972 国际海上避碰规则》。

能见度好坏受雾、低云、雨滴、微尘、烟等的影响。其中雾对能见度影响最大，当海面能见度等于或大于 0.5 海里时，称为轻雾；海面能见度小于 500 米时，称大雾；海面能见度小于 50 米时，称浓雾。因雾对船舶航行影响极大，容易造成渔船碰撞、触礁、搁浅等事故。因此，要特别提高警惕。我国海上雾天最多的月份在广东、福建是 3 月，长江口是 4 月、5 月；通常 8 月以后海上雾显著减少。但有的年份 10 月下旬至 11 月，由于北方强冷空气活动南下，也会出现海雾，有时大雾笼罩海面，渔船在海上航行作业危险性极大。

渔船航行在能见度不良的水域，来船间相互看不见，容易发生碰撞事故，要严格遵守有关规定：

1. 使用安全航速，在能见度不良的情况下，盲目高速行驶极其危险。据统计，36%的碰撞事故是由于高速造成的。因此，在能见度不良时，使用安全航速就显得更加重要。《1972 国际海上避碰规则》第六条明确指出“每一船舶在任何时候应用安全航速行驶，以便能采取适当有效的避让行动，并能在适合当时环境和情况的距离以内把船停住”。所有航海驾驶人员必须牢记这一规定。

2. 加强值班瞭望，是避免碰撞的首要一环。船舶航行时，应采取一切有效手段保持不间断的正规瞭望。能见度不良时，除了一般的值班瞭望外，应加强视觉与听觉瞭望，增设船头瞭望人员，即“瞭头”，“瞭头”与驾驶室要保持密切联系，还须正确使用雷达、VHF（甚高频）等一切有效手段，以便获得碰撞危险的早期警报和对方动态，目的是及早发现来船，以便及早采取有效的避让行动，避免碰撞事故发生。因此，《1972 国际海上避碰规则》第五条指出“每一船舶经常用视觉、听觉以及适合当地环境和情况的一切有效手段保持正规的瞭望，以便对局部和碰撞危险作出充分的估计”。在能见度不良时，加强瞭望更是避免碰撞的首要一环。

3. 作为应急措施，在能见度不良情况下，为了确保渔船安全，全船要做好准备。如舵机要随时做好应变准备，锚机要随时能用，主机能随时倒车等。

4. 鸣放并注意听取来船信号。由于能见度不良，相互看不见，主要用信号表明自己位置和动态，因此，不论白天或夜间，均应按照规定鸣放声号。同时，必须注意声号在能见度不良情况下，只能大概判断来船位置，不能正确判断来船的距离或航向，因此，不能一听到声号就盲目采取行动。首先要减速、慢航，加强瞭望，判断情况，谨慎驾驶。

能见度不良时，发现来船往往已很近，驾驶要特别谨慎。当听到他船声号在本船正横之前，或与正横以前的船只有紧迫局面时，切忌盲目转向，要立即采取减速、停车或倒车，把船停住为宜。如遇浓雾中突然看到来船的轮廓，应立即倒车。

5. 紧迫情况下，船长等驾驶人员要镇静，切不可惊慌失措。在紧迫情况下，应尽最大努力，采取相应的避让措施，当两船仍难免要发生碰撞时，当班船长要保持镇静，不要惊慌失措，盲目操作，应根据当时情况作出正确判断，力求迅速妥善摆脱危险。当碰撞发生后，船舶切不可盲目倒车，而应先检查双方船舶受损情况，在确定没有沉船危险后，才可倒车将二船分离。

通常大船撞小船，小船有立即沉没的危险，应抢救小船落水人员。被撞船有破洞，应迅速堵漏，排水抢救。假定在平静海区或港口，撞入他船船身时，不要急于倒车，应利用船首堵排破洞，做好抢救工作。在能见度不良时，发生碰撞事故后，船员必须听从指挥，先救人后抢物资，必要时发出求救信号。但不能轻易采取弃船的办法，在万不得已情况下，才可决定弃船。船长应按紧急弃船部署要求，做好弃船工作，船长应是弃船时最后一个离船的人。

二、主机故障的应对

（一）沿岸航行时主机突然停车

此时应趁停车余速立即转向，使航向垂直、背离岸线而远之。如果能利用余速向外淌出 1 海里，若风流向内压每小时 1 海里，则能争得 1 小时修复主机或等待拖轮援助的时间。一般万吨船从航行速度至船停的惯性冲程为 1 海里以上，例如国产风字号万吨级船在轻载时，从全速 115 转

/分钟立即停车至停船需时11分半，冲程为1.18海里，即14.7倍船长。为了尽量减少舵阻力消耗惯性，但又要使冲程尽量消耗在转向以后，建议先用稍大的舵角如15°左右，待船已开始转向可回舵至10°左右，待距预定航向还有30°时可回舵至5°左右。实际采用舵角的大小应视各船具体条件而定。此外，转向前须向后瞭望，以防转向一舷的后随船只过近而发生碰撞。

（二）在狭水道航行时主机突然停车

各狭水道宽窄相距甚大，宽的2～4海里，窄的100米以下，所以处置办法也不一。如在宽处可利用余速立即转向宽敞处；如在窄处也要利用余速操船立即抢占上风上流方向，以延长压向浅滩、岸边的时间。其次，立即利用锚稳住船位，一般是利用余速淌至较有利处再下锚。若顺流抛锚会引起掉头而船艉扫经甚大范围，为此要留出一定空档。再次是要求机舱开最低车速，因为机舱不了解外界环境，有时主机虽有故障但还未困难到一点也不能开车的程度，故驾驶台可向机舱讲明外界情况的险、急程度而要求开最低车速。如因冷却上的一般故障，则可用开开停停的办法。开由驾驶台决定，停由机舱决定但必须告诉驾驶台。自动化程度高的主机往往有一点故障即停车以保护自身，驾驶台可要求机舱如情况许可改为手动操作主机。

（三）大风浪中航行主机突然停车

如在偏顶风或横风中航行，此时应利用余速立即转向顶风，以稍延长一些顶风时间，以利在此段时间内排除故障。

如在顺风或偏顺风中航行，则不必掉头迎风，因为船的余速不够此项消耗，反而导致立即横在风浪中。设有侧推器的船，可利用侧推器以保持船首顶风，因为侧推在船速为零时其作用最大。如能使船首向与风向保持一定的小角度则更好，因为船首不可能一直完全保持顶风，如左右舷不断地交替成为上风，则侧推器无须不断启动、停止及改变转动方向，如此反而不能保持船首顶风。故宜保持风向在一舷以一较小角度，并调节侧推器的螺距或转速以保持船首偏顶风。如水深条件许可，可下锚使船首顶风。一般在造船时，要求锚机同时绞起左右首锚各50米水深的锚链，故较正常的锚机应能绞起水深70米的单锚和单链。很多船长对目前管理水平下的锚机表示怀疑，但他们不详知正常的锚机有多大的起重能力，不详知还有许多帮助锚机出力的应急办法。

当船首不能顶风，横摇剧烈可能将严重威胁船舶安全，则不应因小失大，航海上为战略战术需要而失一锚不算大事，何况不一定会失锚。如离浅滩太近，可下双锚而不宜放长单锚的锚链，宁可纠链也不宜失锚漂流。如水太深则不宜下锚，但也有人主张用双锚机将双锚逐个绞下，其长度依锚机能力而定，虽未到达海底，也可达到船首领风的效果。

（四）在水上交通频繁处主机突然停车

首先要显示失控信号，为加速此项工作，平时应将白天失控黑球（两个垂直显示）及其旗绳准备至最佳状态。有的船将此信号悬起试妥后，降下贮存于信号桅杆下的一个箱子中，一旦需用即可升起。夜间失控红灯（两个垂直显示），在平时试妥，并应人人（驾驶员与一水）熟知电源开关在何处，而且包括应用应急电源，最好是蓄电瓶电源。如仅有普通电源，则应将燃油的失控红灯和火柴如上述失控黑球一样地备妥。同时，用 VHF16 或其他通用频道通告本船主机失灵并配以闪光五短。如认为正在驶近的船并未发觉你船失控，则可用手提摩斯灯对它发射闪光五短。手提摩斯灯应处于随时可取用的状态，且电源也应用应急电源，最好是蓄电池电源。

在海上主机故障停车漂泊，夜间应显示何种号灯？从遵守国际避碰规则来说，如果主机故障停车不久，船还有余速，此时除显示失控灯外，还应显示舷灯和艉灯。当惯性已消失不再对水移动，只显示失控灯即可。可是不少驾驶员未弄清这一点，无论停车已漂泊几个小时，都显示着舷灯、艉灯及桅灯。有的船长虽懂得避碰规则的有关规定，但他们担心尤其是艉机型的船长，达 200 多米的大船，失控红灯挂在船艉部分，如不开亮其他灯，船身前部 200 米长度一片黑暗，怕来船撞到它，故开亮了前桅灯（既开亮了前桅灯，后桅灯、左右舷灯、艉灯也跟着一起开了），这就又呈现了正常的机动船和失控船两种信号灯并存的矛盾现象。

在水上交通频繁之处，当主机故障停车，周围又有不少来船含有碰撞之危险时，如水深和其他条件许可应及早下锚，但船长担心余速尚快，可能拉断锚链，这种担心是对的。但当余速仅 2 节时，只要链长大于水深 1.5 倍，正常的锚链不会被拉断，如对余速无把握则可用锚机将锚绞下至触及海底后，打住刹车脱开锚机，此时锚能起减速作用而链受力很小。锚一触海底即可开启锚灯。如仍拖锚前进，则航海界中多数人仍认为在航并非锚泊。但这样做有益无害，因为失控船为了避免和减轻与他船相撞，采取了它力所能及的措施，是无可指责的。其他在航船当看到失控又抛了锚的船时，能起安心作用，因为认为你即使拖锚也无多大船速，在较远距离处，单方避让反而安全和单纯，也不会发生误会。如此做法对避碰是有利的。主机突然故障停车，当还有余速时，就应利用余速的舵效避让。例如正前方有一来船对驶，如果右方没有礁浅，就应右舵向来船显示你的红舷灯。

（五）主机突然故障时的几种应急办法

1. 有意搁浅

在狭水道航行中如主机突然故障停车，船将失控而可能发生一连串的碰撞码头、工厂、船舶事故，所引起直接损失巨大，其间接损失更大，而不是本船船价所能赔付的。这时候船长和引航员就得牺牲小的保全大的，如附近有适宜之处应利用余船速的舵效有意地进行搁浅。

2. 反向用车

在用车过程中，有时突然启动不起来，如再多启动，压缩空气可能用光而不能用车。如前进余速很大，前进的水流几乎可驱动车叶而还未转动时，此时要用压缩空气启动主机倒车甚难，也可能是控制部分某处卡住了，驾驶台唯一的帮助机舱的办法是先倒一下车，再进或先进一下再倒，此法曾经在紧张时用过两次，因碰巧而奏效。

3. 左右满舵

如航道水域较宽，可用左右满舵迅速交替变换，如此可减少一些余速，因为舵在水中的阻力很大。但若能使用它法则尽量不用此法，因为这是一种不得已的很少有人提倡的方法。

4. 抛双锚

抛双锚能使余速很快下降，但既要不断链又要起阻滞作用，则须按船的惯性、与危险物的距离来掌握锚链的长度，一般先抛单锚1节甲板或落水，逐步加长至2节甲板，然后再抛第二只锚，链长1节。此后轮流松长，第一锚比第二锚略长1节以防链缠。如船速很快，距危险物很近则不论有无断链丢锚的风险都应立即抛锚。如船速很快距危险物较远，则可先抛一只锚，链可缩短一点，待船速有所减小，再抛另一锚和放长第一只锚链。如锚抛下后，船身有压向岸边或他船时，应调节松放链的速度与长度，以争取平行地靠拢他船。

5. 抛艉锚

艉锚的抓力对于阻滞船前进的作用不大，而且有时还影响动车。但它可防止或阻滞船艉横向压至岸边，可与首锚配合，使船身不压向岸边或平行靠拢他船。

6. 招唤拖轮

这是一种很有效果的办法，问题是如何使拖轮及早赶到现场，所以平时应打听好请拖轮最快捷的联系办法，必要时船长可当场答允奖励以动员附近正在作业但不影响其安全的拖轮、非港作拖轮及路过的拖轮，但避免签订无效果无报酬的合同。

三、船舶失控的应对

（一）应对船舶失控的措施

1. 接报后，启动应急响应程序，立即通过各种有效渠道和手段，按程序详细了解情况，重点了解船舶所处的位置与状态、失控原因，船上装载的货物的种类和数量，船上的总人数，现场气象和海况，附近水域有无其他船舶以及涉及通航环境的影响程度等情况。

2. 提醒船方采取合适的措施防止事态扩大，加强值班瞭望，加强与附近船舶沟通联系，及时显示有关号灯号型，避免碰撞等事故发生；根据实际情况指派海巡艇、港作拖轮、专业救助拖轮等进行应急处置和救助。

3. 视情况发布航行警告，告知过往船舶注意避让或救助。

（二）船长应注意的事项

1. 船长应高度重视每一次进出港前的准备工作，认真检查测试，以确保“四机一炉”（主机、发电机、锚机、舵机和锅炉）及导助航设备正常。进港船注意换油时机。超大型船舶应落实安全保障措施，确保应急拖带设施等处于良好状态。

2. 拟定航行计划时，针对港区通航环境如潮流影响、航道水深、桥区航道、狭水道等需要注意的风险点进行标示。

3. 进入狭水道、桥区航道及交通密集水域：加强驾驶台和机舱值班，保持应有戒备避免误操作，与进出口船保持安全距离，实时关注本船动力设备工况，通过采取派遣瞭头、备锚等安全措施以备不测。同时也密切关注周边船舶状况，如有异常及时报告交管。

4. 对进船厂保养检修的离港船舶，船厂及船方需加强检修设备测试复查工作，如有新换船员，开航前务必熟悉岗位相关操作。

5. 在进出港、避让或靠离泊作业中船长也需考虑到用车较频繁，容易造成压缩空气不足，机舱值班人员及时予以提醒，如只开一个气瓶，及时打开另外气瓶。

6. 机舱部门积极配合，如根据副机工况，一般备车时多开一台副机并电，如部分船舶副机主机功率较小，及时关闭次要负载电源。建议进港前视情关闭低位海底门，用高位海底门，防止港区内垃圾较多，引起海水滤器堵塞。

（三）避险避让的措施

1. 一般避险避让措施

（1）如果由主机失灵引起，则利用余速用舵操纵，尽量控制船舶防止搁浅或碰撞事故发生。

（2）如果由舵机失灵引起，则立即启动应急舵操控；若应急舵操控无效，应立即停车，慎用全速倒车，以避免螺旋桨的致偏效应造成船舶不利偏转。

（3）如全船失电，全船进入电源故障或损坏时应变部署，询问机舱电源修复的可能及预计需时，一般如果船上有备用副机，且有自动启动动能的一般会自动启动；如没有备用副机，应急发电机应该在 45 秒内启动并供电，以保证船舶重要设备用电。

2. 必要时用锚来控制船舶

（1）如余速较快，则需谨慎用锚，待船速降低再择机抛锚，最好抛双锚，出链长控制在 2.5～3.0 倍水深，若抛单锚，应抛水深较浅一侧锚并配合用舵。

（2）如周围情况及水深允许，尽量避开主航道抛锚。如情况紧急，拖轮等应急力量一时难以到达，且事发水域水深较深，可采取深水抛锚法以协助控制船位，或降低漂航速度延长救援等待时间。

（3）抛锚时应注意选择安全水域，避开海底电缆管线、浅滩礁石，并与周边船舶、岛屿、码头等保持安全距离。

（4）抛锚前与抛锚后，需注意风、流等海况对船位的影响。例如宁波舟山港部分水域最大流有 6～7 节。

（5）如搁浅难以避免，应采取适当措施尽量避免船艉搁浅损伤舵及推进装置。

四、船舶进水的应对

（一）渔船进水的常见原因

1. 渔船锚泊或系泊区域有抛石存在，落潮时船底接触抛石，因船身自重，船底被抛石搁破后进水。

2. 渔船锚泊或系泊时，因人为疏忽，海底阀门未关闭，污水管阀门也未关闭，海水倒灌进水。

3. 渔船老旧，未及时保养或保养不到位，船体腐蚀穿孔，导致进水。

4. 渔船间碰撞，球鼻艏撞破船体后进水。

（二）防范渔船进水的措施

1. 收集渔船经常搁浅的地点，并向有关部门汇报，能清除该海域的抛石最好，如有难度，应设立警示标志。

2. 会员应及时对渔船船体进行保养，防止船体的腐蚀穿孔。

3. 会员应加强轮机人员的业务素质及安全意识培训，船舶整修期间，应检查各类水管、机械并及时关闭各类阀门。

4. 会员应严格执行渔船的值班制度，

如有险情，能及时发现，并采取有效措施。

5. 当被球鼻艏撞入船身后进水，应及时告知肇事船，不要轻易倒车，以防瞬间加大进水量，应尽力采取堵漏措施，封闭与其他舱室的管路，同时利用各种水泵及他船水泵迅速排水，经抢救后还能自浮时应让肇事船护航返港。

（三）进水后的应急处置

1. 发现船舶漏损进水，应立即发出堵漏警报召集船员，报告船长和通知机舱。

2. 全体船员听到警报后（除固定值班人员外），应根据应变部署表/船舶进水应急计划的分工和职责，携带规定的堵漏器材迅速赶到现场，做好堵漏准备。

3. 迅速查明漏损部位、损害情况和进水量等，报告船长确定施救方案。

4. 采取减速或停车措施，以减少水流和波浪对船体冲击；若已知漏损部位，操纵船舶使其处于下风处，以减少进水量。

5. 发现进水部位后：①使用所有水泵全力排水，视情况打排和移驳压载水，以保持船体平衡；②关闭相邻舱室水密门和隔舱阀等，防止水势蔓延；③若进水严重且情况危急，应请求外援，并设法抢滩；若确认堵漏无效，面临沉没危险，船长应宣布弃船。

（四）船舶常用的堵漏方法

由于搁浅、触礁、碰撞、船舶老旧、水密失效、大风浪袭击、严重横倾等原因，有时候船舶会进水。船舶进水部位主要包括船体破口、水密门或舱口损坏、机舱管系损坏、艉轴套损坏、海底门损坏等。船舶进水后应迅速予以控制，因为不论是否能够完全堵住，都能不同程度地减缓进水速度，减轻船舶危险程度并争取抢救时间。

1. 船体裂缝

方法：先在裂缝两端各钻一小孔，再将橡皮等软物覆于裂缝上，用木板压实，再用木桩等方式支撑和固定。

注意：不可直接打入木楔，以防扩大裂缝。

2. 船体小破洞

方法：把与船体破洞相当大小的木塞用布料包裹，直接塞进破洞。

注意：如果一个堵漏塞不够用，可用多个堵漏塞。

3. 船体大破洞

情况1：如果船内可以操作，可用床垫等卧具填塞，覆以木板，再用木柱支撑固定。

情况2：如果船内没有操作空间，则在船外使用堵漏毯，能有效地减慢船舶进水和下沉速度，以便为机舱排水、加固相邻舱壁、抢滩及等待救援争取时间。

情况3：如果破洞水压太大，应在船体外破洞处敷设堵漏毯减少进水量，再在船内用木板、支柱等方式堵漏。

注意：大船使用的堵漏毯四周采用铁链或钢丝绳加强，中部辅以小号钢丝绳作经纬，用至少两层帆布缝制而成，四角应设强力耳环供张索受力，四个角的张索均为钢丝绳。使用堵漏毯时，下端应坠以重物，使其能垂到船底。底索应有足够长度绕过船底，与前张索、后张索、控制索配合，使堵漏毯覆盖于破洞，然后用绞车等收紧并固定各张索。在堵漏毯被破口钢板或船体突出物挂住时，应妥善处理，避免硬拉造成堵漏毯损坏。

（五）船舶因碰撞、搁浅、触礁、爆炸或遭到武器攻击从而造成船体破损渗漏，当船舶发生破损进水后应采取如下步骤：

1. 立即发出堵漏应变警报，将各层甲板及货舱的水密舱室界限上的一切开口迅速关闭，备车，减速，将破损部位放在下风处。

2. 听到警报信号后，除固定值班人员外，所有船员应携带应变部署表规定的器材迅速赶到现场，集合待命，现场指挥查明险情确定施救方案后，各队队长带领队员投入抢救。立即测量各污水井和水舱的水位，向总指挥和现场指挥报告，抢救过程中还应定时测量，以供估计渗漏部位和进水量。

3. 堵漏抢险之关键是应尽快找出准确部位和漏情。寻找部位时除派人到各处直观检查外，还可以用下述方法判断寻找：

（1）倾听各空气管内的水声。

（2）观察船旁水面有无气泡，记下冒泡的肋骨号。

（3）在舱内以听声或目观查清渗漏部位，尽可能查清漏洞大小和形状。

（4）通知机舱迅速排水，根据漏洞大小和木匠测量的数据，结合船舶倾斜度和吃水差估算出进水量和进、排水量差。估计险情发展，采取堵漏抢修措施。

（5）抢救中应根据水流的方向和漏洞部位，正确地使用车舵操纵，减速、停车，将破损部位放在下风顺浪处，以减少水压和进水量，并配合堵漏毯的施放。

（6）堵漏应变部署，一般分成堵漏、排水、隔离、救护四队。分别由大副、轮机长、二副和船医担任队长。

五、走锚的防范

（一）选择合适的锚地

首先锚地要有足够的富余水深，如果富余水深不足，锚泊船在涨潮打横时船底过水断面会很小，船舶受到的流压短时间内会成倍的增加，从而引起船受力急剧增大。海底的底质是锚能否有足够抓力的重要因素，抓力最好的是黏土，其次是泥沙，然后沙底较差，沙砾、贝壳等最差不适合船舶长时间锚泊。海底底质不好时，船舶最容易走锚。另外，海底的地形也会影响锚的抓力，比如比较陡峭的地形，或者凹凸不平的地形，对锚的抓力都会产生不利的影响。

（二）正确的抛锚方法和适当的出链长度

操作不当也会增加船舶走锚的概率，如抛锚时后退速度不够、下锚时松链太快、出链过短或者锚链发生堆积等原因，都可能会使锚不能牢牢地抓底，一旦遇有强风和急流，就很容易会发生走锚现象。

另外，尽量在其他抛锚船的下风或者它船的后方抛锚，因为要是在它船上风或者前面，一旦操作不当，容易形成紧迫局面。如果不得已只能在它船上风和它船的前面抛锚，一定要留有足够的安全余地，以策安全。大风浪来临前，可适当增加锚链长度，也可选择抛双锚或抛止荡锚，增加船舶吃水，减少吃水差或增加船舶首倾，备车待航，适当使用侧推器。

（三）减少船舶的偏荡

1. 增加船舶吃水和调整纵倾状态

轻载或艉倾的锚泊船偏荡剧烈，可通

过增加船舶吃水或调整为平吃水的方法来减小偏荡幅度、增大偏荡周期；

2. 加抛止荡锚

即如偏荡幅度较大，并有走锚的危险，可将另一舷首锚在偏荡过程中适时抛出并刹车，使之处于拖锚状态，利用其与海底的动摩擦力来抑制偏荡幅度。止荡锚宜在船首极限位置向平衡位置过渡中抛出，出链长度为1.5～2.5倍水深为宜。

3. 增加锚泊力

当遭遇强风，可采取“平行锚”的锚泊方式。尽管平行锚不能减轻偏荡，但其锚泊力比单锚泊力大为增加，可预防走锚。

4. 采用车、舵等手段抑制偏荡

大风来临之前（一般风力增强达到6级时并逐渐增强时），锚泊船应提前将主机、舵机备妥（流急易走锚水域抛锚后就需备车），在锚泊船偏荡过程中适时使用车、舵配合，不仅可以缓解锚链张力，还可减小偏荡幅度。如有侧推器，可利用侧推器产生的横向力和转头力矩，使船体横移速度和船首转头角速度得到衰减，对于抑制偏荡、缓和锚链张力起到一定效果。

（四）开敞水域的锚泊要点

1. 在开敞式锚地时，与周边船舶、浅滩保持足够的安全距离，避免在风口和急流水域锚泊；锚泊的安全距离除了考虑锚链长度、船舶长度等外，还要考虑恶劣气象海况影响情况、值班人员的素质和水平、动车舵的操纵效果、周边船的旋回态势等进行合理把握，也要考虑周边船舶同时走锚的异常情况。

2. 及时关注天气预报和气象海况，如有大风预警时，或转移锚位，或视情松长锚链。在抛妥锚后，锚机刹车带应旋紧，制链器应合上。必要时提前拉好驾驶台到船首的安全绳，关闭水密门窗，绑好移动物件。

（五）加强锚泊值班

船舶平时应做好船上设备的保养，使其处于良好使用的状态。在抛锚后，应对当时的气象水文状况进行分析，对可能引起走锚的因素进行评估，及时采取预防船舶走锚的措施，同时加强锚泊值班，熟练掌握判断走锚的六种常规方法，以便在船舶（包括本船和他船）发生走锚的初期及早发现。

附录四 老旧渔船风险防范

一、火灾的防范

防范船舶火灾事故，关键点就是要求船东和每位船员必须重视安全防火教育，要针对渔船具体情况，制定防火措施和方案。所有船员应能找到离房间最靠近的手提灭火器并能熟练使用，知道火警报警信号的发送方法，知晓船上所有型式灭火设备，及时发现火情隐患。从引起火灾的起火源来看，火灾基本可以归纳为六方面：明火或暗火引起的火灾、热表面引起的火灾、火星引起的火灾、电气设备引起的火灾、自燃起火和静电引起的火灾。对待不同成因的火灾要采取不同的预防措施。

（一）明火或暗火引起的火灾

1. 对人员经常进行安全教育，严禁在货舱、机舱，锅炉舱、油漆间、物料间或者存放易燃物品的舱室、工作间以及装有危险货物的露天甲板等场所吸烟。

2. 不准随便乱扔烟头、火柴梗，吸烟者必须把火柴、烟头放入非易燃的容器内，该容器应安放在船上每一处允许吸烟的地方。待烟头熄灭后，才能倒烟缸，烟灰必须倒在有盖、非易燃的注水容器内。

3. 设置带盖或盛水的烟缸。

4. 对于来访者、装卸工以及上船工作人员，应向他们提醒吸烟的规定。

5. 对厨房用火要严格管理、谨慎操作。使用厨房炉灶时，必须有人看管，谨慎操作，保证炉灶的正常使用。厨工要经常对厨房炉台等抽风口的滤网进行清污，防止油滴在炉面上引起火灾，厨房电炉或其他电器打开时，要保持有人员照看。

6. 对于正在进行电焊或气割的场所，要派专人备好灭火器具在旁守候，以便能够随时施救。工作完毕后 24 小时内要不断检查、巡视。

7. 禁止私自使用敞开式电炉在舱室内烧煮食物。

8. 机舱、泵间易于积存油污，厨房排出油气的通风道易于积存油垢，要经常进行清理。

（二）热表面引起的火灾

1. 排气管、过热蒸汽管以及锅炉外壳等热表面，应用隔热材料妥为包扎，如因修理需要，需将隔热材料拆下，在修理结束后应立即将之恢复装妥。

2. 向日用燃油柜或者机油柜注油时，要防止溢油溅落到热表面。加强机舱的机油、燃油管理，防止“跑、冒、滴、漏”，特别是在加装燃油时，注意防止燃油从侧管处溢出。

3. 当发现管路漏油应及时清理，沾染油迹的棉纱、破布应集中存放于专用的加盖金属容器内，不能随手乱丢，更不能置于闷热不通风的地方以防止其自燃。

4. 不要使电灯泡或者其他电热器靠近可燃物体，如纸张、布料、棉纱头等，以防温度升高而起火。

5. 对正在运转中的机器，要经常检查机油的压力是否正常、转动部位是否得到有效润滑，以防摩擦生热而引起火灾。

（三）电气设备引起的火灾

1. 船员房间应该禁止使用大主机功率电器，使用中小主机功率的发热电器时必须有人照看，人员离开时应拔出电源插座，切勿私自接驳电线和插座。

2. 要经常检查电线的质量，绝缘是否良好，对于老化或绝缘失效的电线应及时更换，不准任意接、拆电气线路和擅自拉线。

3. 严禁任意增加电路负荷、随便拉线装灯及使用电炉等设备。

4. 严禁随意加大保险丝规格，不得用钢铁丝或铜丝来替代保险丝；保险丝要接牢，防止松动。

5. 切勿利用电灯或加热器烘烤衣服等易燃品，不得将衣物等易燃物品晾于机舱。

（四）火星引起的火灾

1. 要清除烟囱飞出的火星，必须掌握燃烧在气缸或炉灶中的正确燃烧时间，所有轮机人员要关心排烟的颜色及有无火星出现，厨房要保证灶正常使用并定期清扫烟囱。

2. 进行气割或烧焊作业时，要委派专人备好灭火设备在旁守候，监视火情；对火花可能飞溅到的区域进行有效防护。

（五）自燃起火

棉、麻、棕制品包括棉纱、缆绳、破布以及工作服，凡是沾有油脂的，如暴露在空气里时间长了，都会氧化发热而自燃，因此，这些可能自燃的物质要存放在阴凉通风的地方，尽量远离热源。

1. 沾了油的棉纱头、破布等必须放在有盖的金属桶里，以防自燃而发生火灾。

2. 对化学危险品物件必须弄清其物理性质、化学性质及装载中的注意事项，凡不能混装的化工产品，在配载时应坚决将之隔离。

（六）静电引起的火灾

油轮上要严格遵守有关操作规程，防止静电火花的产生。

二、火灾中的自救与互救

在船舶灭火过程中，极易发生人员的高温灼伤和使用二氧化碳、其他液化气体所造成的低温冻伤；对载有化学品的船舶，在灭火过程中，化学品和燃烧时产生的有毒有害物质也会对人体造成伤害。

（一）烧（灼）伤和烫伤

高热对人体的伤害除灼伤外，还有脱水、全身衰竭及呼吸道黏膜受伤肿胀，从而阻碍呼吸道的畅通直至窒息等。对烧伤病人的现场急救：

1. 灭火

尽量帮助伤员脱去着火或热浸渍的衣服。

2. 逃离

立即对危及伤员生命的一些情况，如大出血、窒息、开放性气胸等应迅速处理和抢救。

3. 检查

简单估计烧伤面积和深度，注意有无呼吸道烧伤、合并伤或合并中毒等。对面积不大的肢体烧伤可用冷水或冰水浸泡半小时至一小时，可减轻损伤与疼痛。

4. 止痛

一般可用哌替啶或吗啡，但有颅脑损伤或呼吸功能障碍者忌用。

5. 处理

可用烧伤致式敷料或三角巾、急救包进行包扎，但不要涂甲紫一类有色的外用药，以免影响对深度的估计。对较大面积的烧伤，可不包扎，而用干净衣服、被单等手边材料遮盖保护创面，以减轻疼痛，避免污染和再损伤，便于移动。

（二）化学性灼伤

在扑救火灾的过程中，某些化学品如接触人体的皮肤、眼睛或者黏膜时，会产生化学性灼伤。

1. 眼睛接触化学品的处置方法

尽可能快地用大量清洁淡水（没有淡水也可以用清洁的海水）冲洗眼睛。强行掰开伤者眼睑（如用洗眼壶冲洗眼睛），小心细致地连续冲洗至少15分钟，必要时可延长冲洗时间，以确保化学品被完全冲洗干净。

2. 皮肤接触化学品的前期处置方法

立即脱掉污染的衣服和鞋袜，马上用大量的水冲洗掉皮肤上的化学品，持续用大量清水冲洗至少10分钟。如果在皮肤上仍残留有化学品，需再继续冲洗10分钟。

（三）中毒

毒害性物品与人体接触时，可能仅对接触处发生局部作用，也可能因被接触处吸收而造成全身作用。可能对局部皮肤刺激，也可能通过皮肤吸收产生全身中毒症状。但如果仅接触眼睛时，很少会出现全身症状。消防过程中，最常见的就是由呼吸道吸入有毒气体，导致中毒。

1. 呼吸道吸入有毒气体的治疗

首先应迅速将伤员从污染的空气环境中转移到无污染的新鲜空气环境中，检查伤员是否有呼吸，然后按以下方法抢救和治疗：

伤员无呼吸。①立即进行人工呼吸；②若无脉搏，则在进行人工呼吸的同时进行心脏按压。

伤员有呼吸但神志不清。①置神志不清的病人于侧卧姿势；②查看病人口腔中是否有使呼吸停止的任何障碍物；③将舌头向前拉；④吸出或揩出多余的分泌物；⑤从喉后部清除任何呕吐物；⑥取出所有义齿；⑦插入格德尔导气管以防止舌头堵塞上部气道，应使之留在原位直到病人重新恢复意识；⑧若伤员出现发绀和呼吸困难，应予以输氧治疗；⑨给病人保暖；⑩不要给神志不清的病人口服任何东西；⑪不要使用酒类、吗啡或任何兴奋剂；⑫对神志不清病人的进一步治疗见《国际船用医疗指南》。

伤员有呼吸且神志清醒。①将病人置于半卧位的抢救姿势，并使其保暖；②必要时进行输氧治疗。

如果采取了以上这些措施，病人的呼吸仍没有改善，那么可能已经产生窒息或者肺水肿。如病情迅速恶化，用无线电征求医嘱。

如果病人呼吸困难，或脸、手、嘴唇发青超过15～20分钟，他可能会有下列并发之一：窒息、肺水肿、支气管炎和肺炎循环性虚脱等。这时必须用无线电征求医嘱，并设法得到医疗救助。

（四）冻伤

在扑救火灾的同时，如果液化气泄漏，则有可能造成船员冻伤。如果皮肤已被冻伤，对冻伤者的处置动作应缓慢并避免弯曲其关节，具体急救措施和注意事项如下：

1. 尽快使冻伤者脱离寒冷环境，进入室内，迅速脱去寒冷潮湿或束缚冻伤部位、影响血液循环的衣服鞋袜（如衣服、鞋袜不易脱落时不要勉强，以免造成皮肤撕裂，可待融化后再脱）。

2. 立即将受冻部位浸浴于40～46℃之间的恒温热水里复温（冻僵者可进行全身浸泡），但严禁烘烤。水温超过46℃或烘烤会损坏受冻肌体的组织。

3. 解冻复温时间需要15～60分钟。开始时，冻伤的肌体不觉得痛，似蜡状，待苍白的颜色随着慢慢复温解冻，转为淡蓝色，且感到疼痛，这是复温，需要继续进行，直至淡蓝色的皮肤转为粉红色或红色为止。

三、搁浅的应对

船舶搁浅或触礁是常见的航行事故之一。船舶搁浅或触礁一般发生在沿海或港口附近，其危险性尽管不如碰撞、触损等航行事故大，但其始终处于危险状态，不但可能造成船体损坏，还可能阻塞航道而影响通航安全。及早使船舶脱离危险水域，进而减少应力和造成污染的危险是船舶搁浅后的紧迫任务。

（一）搁浅前的紧急措施

1. 航行中，发现搁浅不可避免时，应根据船舶所处的情况和环境采取如下行动：

（1）如不明搁浅水域的地形和地貌，应立即停车，可行时立即抛双锚。

（2）如果明了搁浅水域情况，船艉方向水域开阔水深充裕且船舶航向与浅滩垂直，应立即停车、倒车，可行时抛双锚。

（3）如明了搁浅处仅为航道中新生的小沙滩，应全速前进并左右交替满舵。

2. 搁浅后的紧急措施

船舶搁浅后，船舶驾驶人员应立即按照下列步骤采取行动，以便达到控制局面和减少损害的目的。

（二）船舶搁浅后采取的措施

1. 立即行动

（1）搁浅情况未判明前不应盲目动车脱浅；

（2）运用一切可能的手段保证船舶整体水密性；

（3）显示适当的船舶搁浅信号；

（4）通知有关主管机关和其他有关机构。

2. 搁浅船舶的态势评估

当紧急危险过后，船长或驾驶员应对搁浅船的态势进行初步评估，包括但不限于下列各项：

（1）船上人员的安全状况；

（2）天气和海况，包括预报情况；

（3）潮流和潮汐情况；

（4）船舶周围水域的海底底质、海岸线和水深情况；

（5）船舶损坏情况以及已发生的污染和潜在污染的危险性；

（6）进一步损失的危险性；

（7）保持通信畅通；

（8）船体与海底之间的作用力；

（9）脱浅后船舶的吃水和纵倾情况。

一旦决定通过外援浮起船舶时，应立即发出救助请求，且不可延误。救助程序的及早启动和救助人员的及早到达是救助成功的关键。

3. 固定搁浅船舶

通过初步评估表明船舶不存在偏转、沉没和倾覆的可能，可在另一个高潮时运用全速倒车尝试进行脱浅。如果船舶不能在短的时间内脱浅，在船舶搁浅的期间应使主机处于随时可用的备车状态并保证船舶的安全。这时，如果船舶在涌浪的作用下有上下起伏运动，表明搁浅船是活动的。活动的搁浅船存在偏转、向岸推移、墩底和加重搁浅的危险。应采取下列固定措施：

（1）船首向的变化表明船舶发生偏转且船艉清爽可以操作，则可果断地运用主机和舵，以防船舶搁浅加重。

（2）可能的话，用缆绳或锚链使搁浅船固定在礁石、珊瑚礁或其他固定点以避免船舶偏转和向岸漂移。

（3）有拖船协助时，可以通过拖船将搁浅船向宽阔水域一侧顶推以防偏转。

（4）向舱内注水使船舶下沉以防搁浅船向岸漂移和墩底。可向漂浮一侧的压载舱注入压载水，以增加船底与海底的接触面积，进而分散海底的作用力，还会减小船体扭矩和弯矩。

4. 测量船舶吃水和检查搁浅部位

要想对船舶态势作出准确的评估，必须尽可能收集相关信息。特别注意检查搁浅部位舱室的损坏情况。当货舱有货无法进行检查时，在打开测深管、天窗、舱口和其他连接通道时应特别小心，以防使进水扩大。应注意船体列板变形、扭曲和其他船体损坏的表征。

频繁测量各压载舱、燃油舱等水线以下各舱室的液位深度，并将所测值与搁浅前的测值进行比较，以发现船体破损情况。

对搁浅船船体周围进行测深，以便确定搁浅程度。若海面涌浪较大而无法准确测量时，可用铅锤测量主甲板至海底之间的距离间接获得水深。所测得的水深资料应在大比例尺海图或草图上的船体周围进行标注，以表明船舶搁浅程度。测量舷边水深方法可自船首向两舷每隔 10 米测一个点，测量船体周围的水深应从船边开始以辐射方向进行。在测深的同时，还应采样海底底质，底质不仅影响摩擦力，而且底质及海底坡度还影响锚的抓力。

测量船舶吃水数据时，应记录当时的时间、潮高以及海况等情况。并将吃水应修正到潮高基准面。通常潮高基准面与当地的海图基准面相同。

船体部分搁浅时如发现某部位搁浅后的吃水大于搁浅前的吃水又大于舷边水深，则表明该部位未搁浅。如搁浅后的吃水小于搁浅前的吃水，则表明该部位已搁浅，且搁浅后的吃水与搁浅前的吃水差异越大，表明搁浅越严重。如搁浅部位的吃水小于舷边水深，表明此处船体搁在海底突出物上；如搁浅部位的吃水大于舷边水深，说明此处船体陷入海底。

搁浅船的吃水是计算损失浮力的基础，又是计算脱浅拉力的依据。船舶能否顺利脱浅，与搁浅船的吃水勘测是否精确关系密切，因此，用一定的时间努力获得准确的搁浅船吃水是非常重要的。

附录五
渔船安装球鼻艏的风险调研报告

摘要：为了研究渔船事故率的提高是否与安装球鼻艏存在关联性以及渔船安装球鼻艏的节能效果、是否存在安全隐患等问题，本文从球鼻艏对船舶阻力、操纵性、推进性能、耐波性以及稳性等方面的影响进行了分析，对渔船球鼻艏是否能起到减阻节能的效果进行了论证，并结合典型事故案例，提出了针对性的建议。

关键词：渔船；球鼻艏；影响；减阻节能；风险；建议

球鼻艏又称为球形艏，是设计水线以下艏前部近似呈球状的凸出结构。20 世纪初始用于军舰，20 世纪 50 年代船舶行业开始对大型商船的减阻进行研究，通过一系列的模型实验和理论研究发现球鼻艏在一定的航速和吃水范围内能够减少 5% 的燃油损耗，后来球鼻艏的应用逐步拓展到了中小型船舶[1]。

一、调研的背景

近几年来，随着老旧渔船的更新改造，船龄较大的木质渔船和钢质渔船不断被淘汰，新建钢质渔船越来越多。据有关统计，自 2013 年起，浙江、福建等渔业大省新建钢质渔船安装球鼻艏的现象越来越普遍；随着渔船安装球鼻艏的普及，中国渔业互保协会（以下简称：协会）承保渔船的事故率也随之有所提升。

为了研究渔船事故率的提高是否与安装球鼻艏存在关联性以及渔船安装球鼻艏的节能效果、是否存在安全隐患等问题，协会组成了调研小组，分赴浙江省、福建省等地，与船东、船厂和船检部门进行了调研和座谈。

二、调研的结果

首先，协会通过查阅相关文献与资料，

对球鼻艏的理论知识进行了系统性的梳理和研究；其次，对浙江、福建、山东、江苏等地方渔业互保协会近几年的渔船球鼻艏相关的重大事故进行统计和分析；再次赴浙江和福建等地，针对渔船球鼻艏安装后的实际成效和带来的风险问题进行了考察、座谈和交流；最后结合调研情况，对渔船球鼻艏减阻节能的效果和存在的风险问题进行了论证。

（一）球鼻艏理论上作用

虽然设计球鼻艏的初衷是减小船舶阻力，但是在理论上球鼻艏对船舶的阻力、操纵性、推进性能、耐波性以及稳性都会产生影响。

1. 对船舶阻力的影响

船舶在航行过程中会受到流体阻止它前进的力，这种与船体运动相反的作用力称为船的阻力。

（1）减小兴波阻力

船舶在航行过程中在船艏和船艉各产生一组波系，每组波系包括横波和散波。横波大致垂直于航向，散波同航向斜交，船波起伏的能量由船体供给，消耗了一部分推进船舶的功率。对船来说相当于克服一定的阻力，这种阻力叫兴波阻力。

如果球鼻艏的大小和位置选择恰当，则在一定的速度范围内，球鼻艏产生的波系与船体波系可发生有利干扰，合成波的波高将降低，兴波阻力将下降。球鼻艏是否能减小兴波阻力与傅汝德数 F_r 有关。

其中：

$$F_r=\frac{V}{\sqrt{gL}}$$

是流体力学中表征流体惯性力和重力相对大小的一个无量纲参数。

（2）减小舭涡阻力

肥大型船舶在航行时常常会产生埋首现象，这是由于船艏底部发生大量旋涡，其结果是消耗能量，增大阻力。当肥大型船安装球鼻艏后可使水流近于径向对称流动，船艏底部不产生旋涡运动，从而达到减少埋首和降低阻力的目的。

（3）减小破波阻力

加装球鼻艏的船舶艏部前倾，该处横剖面面积曲线的坡度和艏部水线进角减少改善了船首柱附近的压力分布，缓和了船艏破波情况，降低破波阻力。

（4）增加形状阻力和摩擦阻力

由于球鼻艏本身以及球鼻艏与船体连接的不光顺会造成船舶航行时形状阻力增加，因增加球鼻艏使船体湿表面积增加，也会造成摩擦阻力的增加。因此，安装球鼻艏总的减阻效果取决于兴波阻力减少的程度以及形状阻力和摩擦阻力增加的程度 [2]。

对于散货船和油船等较宽船体的船舶，球鼻艏主要用来减少破波阻力；对于集装箱等较瘦削型船舶，球鼻艏主要偏向于减少兴波阻力 [3]。根据相关文献，球鼻艏对傅汝德数 $F_r=0.25\sim0.38$ 速域的船舶具有明显的减阻节能作用 [4]。英国船舶研究协会（BSRA）系列拖网渔船在较高的速度范围内阻力减少 11%，总功率降低约 13% [5]。方形系数 $C_b=0.53$ 的渔船小球鼻艏在 $F_r=0.33$ 附近满载减阻 3.3%，压载减阻 7.5% [6]；方形系数 $C_b=0.478$ 的渔船水滴形球鼻艏在 $F_r=0.322$ 时满载减阻 5.6%，压载尾倾减阻 10.2%；S-V 型球鼻艏满载减阻 4.2%，压载减阻 7.9% [7]。

2. 对船舶操纵性的影响

操纵性是指船舶按照驾驶者的意图保持或改变其运动状态的性能，即船舶能保持或改变航速、航向和位置的性能，包括航向稳定性、回转性、转首性等。

安装球鼻艏后，球鼻艏本身增加了回转阻力，另外，由于球鼻艏的消波效果，船舶艏部压力降低，因而使回转中心后移，从而减少了回转力矩，导致船舶回转半径增大。日本曾对“红苍丸”号客船进行过实船试验，安装球鼻艏之前的回转直径为 312 米，安装球鼻艏之后，回转直径增大为 336 米 [8]。

另外，有球鼻艏的船舶水下浸水面较无球鼻艏船舶的水下浸水面长，因此在相同条件船舶作旋回运动时，船体本身所产生的船舶虚惯性矩 I 的值较旋回阻矩系数 b 的值有大幅增加，也就是说追随性指数 $T=I/b$ 的值也将随之增大。T 大表示惯性大而阻尼小，反之表示惯性小而阻尼大 [9]。T 越小，操舵之后船体能快速改变首向并进入定常回转，表示船舶的航向稳定性和跟从性好。反之 T 越大，对航向稳定性和跟从性不利。因此，有球鼻艏船舶的航向稳定性必然劣于无球鼻艏船舶的航向稳定性。在实际操纵船舶时，驾驶人员最直接感觉就是把定无球鼻艏船舶比把定有球鼻艏船舶容易 [10]。

船舶安装球鼻艏后，对于操纵性能的影响总体上是不利的，但是安装球鼻艏的初衷并非要改变操纵性能，只是附带影响而已，有相关研究表明，艏部形状对操纵性的影响并不显著 [11]。

3. 对船舶推进的影响

船舶推进主要是指螺旋桨为船舶提供动力，使船舶克服阻力向前航行。

根据某船舶自航试验 [2]，安装球鼻艏以后，船舶螺旋桨的推进效率在静水中会得到一些提高。主要因为：

（1）由于艏部压力降低，使推力减额降低。

（2）高速时伴流系数有所提高 [12]。

（3）尾部流场变得比较均匀，降低了伴流不均匀对螺旋桨的影响 [13]。

若船舶在波浪中航行，球鼻艏对推进性能反而不利，一般反映在推力与扭矩有所增加，螺旋桨效率有所下降。原因是：

（1）波浪中阻力增大。

（2）安装球鼻艏后，船体的纵摇中心轴前移，虽然船舶整个纵摇幅度可能减小，但艉部的运动幅值不一定减小，有时反而会增加，有可能导致螺旋桨效率的下降。

（3）船舶安装球鼻艏前后，波浪对它的相位角是不相同的，这种相位角的差异往往导致推进效率的下降。

此外，在调研时发现福建的渔船球鼻艏底部一般会安装艏侧推装置（图 1）。渔船在进出港口、停靠码头时，艏侧推装置可以大大减小调整船体角度所需要的时间和空间。通过合理设计艏部型线，在不安装球鼻艏的前提下同样可以安装艏侧推装置，因此渔船球鼻艏并不是安装艏侧推装置的必要条件。

渔船安装的球鼻艏对于螺旋桨的推进效率是有影响的，在静水中推进效率会有所提高，但是在波浪中航行时球鼻艏对于螺旋桨的推进效率反而会产生不利影响。

图 1 福建石狮船厂典型渔船侧视图

4. 对船舶耐波性的影响

耐波性是指船舶在波浪中运动特性的统称，包括船舶在波浪中所产生的各种摇荡运动以及由这些运动引起的砰击、上浪、失速、螺旋桨飞车和波浪弯矩变化等性能。

根据上海交通大学船舶流体力学研究室对渔船安装球鼻艏的船模试验结果，球鼻艏可以使横摇无因次衰减系数增加 3% 左右，同时球鼻艏可以增加横摇运动附连水质量。因此球鼻艏不仅增加横摇阻尼，而且使横摇周期增大。在 4 级浪时球鼻艏船有义横摇幅值较普通艏减小 9% 左右 [7]。

安装球鼻艏后，一方面增加了船体的纵向惯量，但同时也增加了船体的纵摇阻尼，前者对船体的纵摇不利，后者却能改善船体的纵向运动。由于纵向阻尼的增加，因而在一定范围内，安装球鼻艏后能减小纵摇幅度。日本造船学会会长、横浜国立大学教授竹泽诚二曾经做过某船型的模型试验 [2]，结果表明，4～5 级风浪下安装球鼻艏后能减小纵摇幅度，当海况达到 7 级以上时，球鼻艏对于减小纵摇幅度没有效果。

虽然不同的船型下球鼻艏对纵摇的影响不完全相同，但是根据上述模型试验可以看出，球鼻艏对于增大横摇周期、减缓横摇频率有一定积极影响；另外，在低风浪的海况下，球鼻艏对于减小船舶的纵摇幅度是有利的，在高风浪的海况下，球鼻艏不会对减小船舶的纵摇幅度产生有利影响。

5. 对船舶稳性的影响

船舶在外力作用下偏离其平衡位置而倾斜，当外力消失后，能自行回复到原来平衡位置的能力，称为船舶稳性。

安装球鼻艏会使船舶的稳性降低，以初稳性高为例加以说明。

初稳性高公式：

$$GM=BM+Z_B-Z_G$$

$$BM=\frac{I_X}{V}$$

式中：BM 为横稳心半径；Z_B 为浮心

高度；Z_G 为重心高度；I_X 为水线面对于纵向中心轴线的横向惯性矩；V 为船舶排水体积。

安装球鼻艏后 I_X 不变，而排水体积增加了一个球鼻艏的体积 ΔV。

$$BM=\frac{I_X}{V+\Delta V}$$

即增加球鼻艏后 BM 相应的减少。

另外，由于球鼻艏的位置设在船体的下部，所以安装球鼻艏以后，船体的浮心位置 Z_B 也下降，总体上会导致初稳性高降低（图 2）。

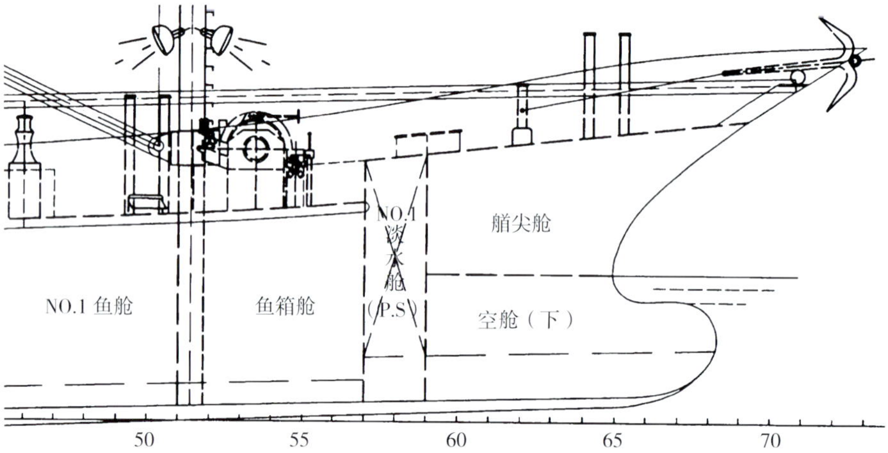

图 2　某渔船总布置图

设安装的球鼻艏体积为船体排水体积的 1%，球鼻艏形心位于浮心高度的一半，球鼻艏重心位于船体重心的一半，则：

$$BM_1=\frac{I_X}{V+0.01V}=0.990BM$$

$$Z_{B1}=\frac{V\cdot Z_B+0.01V\cdot 0.5Z_B}{V+0.01V}=0.985Z_B$$

经调研，渔船球鼻艏内部一般是填充混凝土以加强其强度，取其密度为：

$$\rho_{混凝土}=2\,500(千克/米^3)$$

则：

$$Z_{G1}=\frac{\rho_{水}\cdot V\cdot Z_G+0.01V\cdot\rho_{混凝土}\cdot 0.5Z_G}{V\cdot\rho_{水}+0.01V\cdot\rho_{混凝土}}$$

$$=0.988Z_G$$

安装球鼻艏后的初稳性高为：

$$GM_1=BM_1+Z_{B1}-Z_{G1}\approx 0.99GM$$

经过估算，安装球鼻艏后，船体的初稳性高降低了 1% 左右，可见，安装球鼻艏对于船舶的稳性并无明显的积极作用，甚至会对稳性产生不利影响。

（二）渔船安装球鼻艏实际存在的问题

在调研过程中发现，由于没有明确的安装与建造标准，各船厂安装建造的球鼻艏缺乏规范性，往往无法达到减阻节能的效果，反而提高了船舶建造成本，加重了碰撞事故中受损船舶的损失程度，并且造成了越来越多的碰撞事故和触损事故的发生。

1. 安装建造不规范

通过查阅《钢质海船入级规范》[14]、

《钢质海洋渔船建造规范》[15]，两本规范中均提到了球鼻艏，但是仅仅是提出了球鼻艏结构的加强方式，没有对球鼻艏的建造和安装标准提出更为具体的要求。

由此导致了船厂在设计渔船球鼻艏时具有较大的自主性和随意性。如图 3 所示，在浙江舟山闸口船厂船台上即将下水的某渔船安装的“刀片”状的球鼻艏，这种形状的球鼻艏明显不是用来减小阻力的，更像是一把水下匕首，在发生船舶碰撞事故或纠纷时，能给对方船舶造成严重的破坏。

图 3 浙江舟山某船厂“刀片”状球鼻艏

通过调研福建、浙江的船厂，2013 年以来的钢质渔船基本都安装了球鼻艏。

从船厂的角度来看，在图纸设计时球鼻艏属于默认的船体结构，一般一个船厂的球鼻艏形状相对固定，工艺成熟，在建造新船时直接套用既有图纸就可以，同时也可以展现船厂良好的技术和工艺，为船厂带来更多的经济效益。

从船东的角度看，船东普遍认为安装球鼻艏的船艏较为美观，同时可以增加船艏的强度，在触碰码头、与他船发生纠纷或碰撞时，有利于对船体的保护，而且目前的钢质渔船普遍安装球鼻艏，其中也有跟风的因素，因此船东一般都会要求船厂在建造渔船时安装球鼻艏。

2. 达不到减阻节能的效果

球鼻艏的主要作用是减小兴波阻力，减阻效果与航速有关[5]，只有航速大于某一值时，球鼻艏才会发挥其减阻作用，该航速称为球鼻艏的界限速度，界限速度对应的傅汝德数即为临界傅汝德数 $[F_r]_b$，一般先要判定设计航速时的 Fr 是否大于临界傅汝德数 $[F_r]_b$，然后决定是否选用球鼻艏[3]。

国外学者的相关经验公式有：

NPL 公式：

$$[F_r]_b=0.506-0.417C_b$$

MARIN 公式：

$$[F_r]_b=0.658-0.595C_b$$

HSVA 公式：

$$[F_r]_b=0.581-0.493C_b$$

亚历山大公式：

$$[F_r]_b=0.643-0.595C_b$$

其中：

$$F_r=\frac{V}{\sqrt{gL}}$$

式中：V 为航速（米 / 秒）；L 为船舶垂线间长（米）；g 为重力加速度（9.81 米 / 秒^2）；C_b 为方形系数。

临界傅汝德数 $[F_r]_b$ 与方形系数 C_b 的对应关系如表 1 所示。

表 1　各公式方形系数与临界傅汝德数的关系

经验公式	方形系数					
	0.5	0.55	0.6	0.65	0.7	0.75
NPL 公式	0.2975	0.2767	0.2558	0.2350	0.2141	0.1933
MARIN 公式	0.3605	0.3308	0.3010	0.2713	0.2415	0.2118
亚历山大公式	0.3455	0.3158	0.2860	0.2563	0.2265	0.1968
HSVA 公式	0.3345	0.3099	0.2852	0.2606	0.2359	0.2113
上述公式平均值	0.3345	0.3083	0.2820	0.2558	0.2295	0.2033

对于不同方形系数 C_b 的船舶，必须达到一定的傅汝德数 F_r 后，安装的球鼻艏才能达到减小阻力的效果。将表 1 中不同方形系数 C_b 对应的平均傅汝德数 F_r，按照船舶不同的垂线间长 L（米）换算成对应的航速，即界限速度 V（海里 / 时），如表 2 所示。

表 2 表示，只有对应肥瘦、对应船长的船舶达到对应的航速之后，安装的球鼻艏才能达到减小阻力、节约燃耗的效果，否则，就会增加阻力和耗能。

以浙江省沿海为例，最近 5 年更新改造的主机功率 147 千瓦以上的渔船，基本上都安装了球鼻艏，但大多数的渔船都不可能取得节能的效果，究其原因，主要有三个方面：一是渔船的设计航速达不到安装球鼻艏的应有航速；二是渔船的作业方式不宜安装球鼻艏；三是球鼻艏的形状与渔船的船型不配套。

就航速而言，除去围网船航速略高以

表 2 不同船长和方形系数对应的临界航速

单位：海里/时

C_b	F_r	L								
		15	20	25	30	35	40	45	50	60
0.5	0.3345	7.89	9.12	10.19	11.16	12.06	12.89	13.67	14.41	15.79
0.55	0.3083	7.27	8.40	9.39	10.29	11.11	11.88	12.60	13.28	14.55
0.6	0.2820	6.66	7.68	8.59	9.41	10.17	10.87	11.53	12.15	13.31
0.65	0.2558	6.04	6.97	7.79	8.54	9.22	9.86	10.45	11.02	12.07
0.7	0.2295	5.42	6.25	6.99	7.66	8.27	8.84	9.38	9.89	10.83
0.75	0.2033	4.80	5.54	6.19	6.78	7.33	7.83	8.31	8.76	9.59

外，一般渔船都不会超过12海里/时。以数量最多的船长20米以下的小型渔船为例，其方形系数在0.55～0.65之间，航速多在7海里/时左右，对照表2可以看出，适合安装球鼻艏的船型数量有限。若全部安装，可能连事倍功半的效果都难以取得。大型渔船方形系数多在0.65～0.75之间，航速一般为10～12海里/时，从表2看，适合装设球鼻艏的船型也非常有限，随意的装设不可能有好的效果。

从作业方式看，交通运输船多数时间都能在设计航速下连续营运，发挥球鼻艏效益具有持续性，能够取得明显的节能效果。有些渔船的航速视作业工况需求而变化，时快时慢。球鼻艏只有在设计航速（达到表2的相应值）时才能发挥降阻效益，低于设计航速时反而会增阻耗能。以拖网船为例，其30%的时间自由航行，70%的时间保持在4海里/时以下进行拖网作业。也就是说，拖网渔船安装球鼻艏，30%的时间具有节能效果，70%的时间另行增加能耗，单看节能、耗能的时间比例，就应直接否定球鼻艏在拖网渔船上的应用。恰恰这最不适宜安装球鼻艏的拖网渔船，在我国渔船的数量中所占比例最大。类似的还有金枪鱼延绳钓船，也不适宜安装球鼻艏。

按球鼻艏的形状进行分类，有撞角形、水滴形、梨形、圆筒形和S-V形等多种球鼻艏，不同形状的球鼻艏适合于不同的船型。实践证明，球鼻艏的设计带有很大的经验性，装在一艘船上的优良球鼻艏，改装在不同船型的另一艘船上，并不一定有降阻的性能。具体球鼻艏的设计，只有通过船模试验才能确定其降阻效果。用船模试验去校正渔船球鼻艏的形状及尺度，若非科研项目，通常的设计是不可能做到的。而一般的设计或拷贝，很难取得节能的效益 [16]。

3. 事故率提升

根据协会近几年的统计，很多渔船由于盲目安装球鼻艏，不仅提高了船舶建造成本，增加了渔船航行时的安全隐患，也造成多起碰撞和触损事故的发生。

附件中列举了2014—2017年之间协会理赔的17个由于渔船球鼻艏导致的碰撞或

触损事故的典型案例，这些仅仅是在协会投保的渔船发生的较大事故。由于还有大量渔船并未在协会投保，实际中发生渔船球鼻艏碰撞或触损的事故数量应该比协会统计的数据更多。

（三）调研小结

球鼻艏在满足一定的傅汝德数的条件下可以达到减小船舶兴波阻力的效果，这也是最初发明与设计球鼻艏的主要目的。但是由于球鼻艏的位置在水线以下，占有一定的排水量和排水体积，而且重心位置和浮心位置较低，会对船舶的操纵性、推进性能、耐波性以及稳性都会产生或多或少的影响。根据相关的文献和实船试验结果，有些是对船舶的有利影响，有些是不利影响，这些影响并不显著，也不是安装球鼻艏的决定因素。

目前，对于满足哪些参数（船型、船长、航速、方形系数等）的渔船可以安装球鼻艏没有任何规范要求，同时相关规范[14][15]中对于球鼻艏的标准也较为宽泛，没有对其尺寸、形状做出具体的要求，因此在渔船球鼻艏实际设计与建造中，往往存在着较大的自主性、随意性、经验性、盲从性，导致球鼻艏安装建造不规范，达不到减阻节能的效果，反而对其他性能产生影响。另外，根据协会的事故统计，渔船碰撞事故的严重后果与渔船随意安装球鼻艏之间明显存在着一定的关联性。

三、合理化建议

（一）渔船检验部门

1. 建议修订《钢质渔船建造规范》时，要对船体球鼻艏部分内容细化，并明确检验规则标准。

（1）界定适合安装球鼻艏的船舶的主尺度，主要是船长的限制；

（2）界定适合安装球鼻艏的渔船作业类型和不得安装球鼻艏的渔船类型；

（3）对球鼻艏的形状和尺寸加以限定。

2. 对于需要安装球鼻艏的渔船，应严格按照标准船型中球鼻艏的安装规范标准进行施工。

（二）渔港监督机关

1. 针对渔船安装球鼻艏对船舶回转半径的影响，应加强宣传，提高渔船驾驶人员安全意识，提示该类渔船在接近其他船舶和靠泊港口码头时，要提前考虑预留量。

2. 加强对安装球鼻艏渔船的驾驶人员的安全生产培训，进一步落实值班瞭望制度，特别天气情况恶劣、能见度较低的情况下，正确规范地使用防碰撞系统（AIS）、雷达等仪器设备，特别是刚刚从普通渔船更新改造为球鼻艏渔船的驾驶人员更应该认真学习。

附件：

渔船与渔船碰撞事故

案例一：2016 年 5 月 29 日，“浙象渔 47032”船在航行至东经 123°51′300″、北纬 29°43′ 海域时，因瞭望疏忽，操作失当，船艏撞向锚泊在该海域的“浙普渔 68599”船船尾。“浙普渔 68599”船被撞后立即开始侧倾，约 10 分钟后在事发海域完全沉没。“浙象渔 47032”船球鼻艏轻微受损。事故造成损失 130 余万元。

案例二：2016年4月3日，“浙嵊渔01369”船和“浙岱渔运08226”船在朱家尖外海发生碰撞事故，造成“浙嵊渔01369”船的船舱进水沉没。事故的直接原因是“浙岱渔运08226”船球鼻艏冲撞到“浙嵊渔01369”船左舷，导致“浙嵊渔01369”船左舷水线以下外板破裂大量进水沉没。事故造成损失120余万元。

案例三：2016年3月14日，“苏启渔03674”船航行至东经122°46′、北纬28°57′海域时，由于疏于瞭望，球鼻艏直接撞向“浙奉渔10085”船中舱，被撞后“浙奉渔10085”船迅速沉没。事故造成损失200余万元。

案例四：2015年4月29日，“浙奉渔19062”船与“浙象渔66025”船在东经123°36′，北纬28°49′海域发生碰撞，“浙奉渔19062”船艏撞至“浙象渔66025”船右舷机舱部位，致“浙象渔66025”船机舱进水后迅速沉没。事故造成损失200余万元。

案例五：2015年3月27日，荣成市连海渔业有限公司所属的“鲁荣远渔896”渔船（拖网）与舟山顺行远洋渔业有限公司所属的“顺行8”渔船（鱿鱼钓）在西南大西洋（南纬46°03′、西经60°13′）海域航行时对遇，紧急避让过程中发生碰撞，“顺行8”渔船的球鼻艏将“鲁荣远896”船侧外板大面积划裂，船舱大量进水，导致“鲁荣远渔896”船沉没、“顺行8”局部受损。事故造成直接经济损失3 000多万元。

案例六：2015年3月22日，“浙奉渔12013”船在2341-5海区完成作业后往东北方向航行转移渔场，“浙岭渔69090”船也在完成作业后往西南方向航行转移渔场，两船在航行至东经125°15′、北纬27°17′海域时，“浙岭渔69090”船船艏与“浙奉渔12013”船左侧驾驶台碰撞。导致“浙奉渔12013”船沉没灭失，船上人员均获救。事故造成损失150余万元。

渔船与商船碰撞事故

案例一：2018年1月6日，“闽霞渔01829”船航行至东经121°13′、北纬27°43′与“嘉荣36”轮发生碰撞，造成“嘉荣36”轮沉没，“闽霞渔01829”船艏受损，事故共造成损失150余万元。

案例二：2017年9月7日，“福远渔199”船和“新世纪一号”轮在东经158°34′、北纬41°53′（北太海域）发生碰撞事故。碰撞事故导致“新世纪一号”机舱进水沉没，该船所有船员被“欧亚19”船救起，“福远渔199”船球鼻艏受损。初步估计事故造成损失630余万元。

案例三：2016年5月23日，“浙象渔48027”船在石浦铜瓦门大桥正东约0.3海里水域与从舟山驶往石浦途中的“原新安达2号”轮发生碰撞，导致“原新安达2号”轮在事发海域沉没。事故造成损失80余万元。

案例四：2015年12月26日，“浙象渔50141”船回石浦港航行至铜瓦门附近海域时，因海上起雾视野不佳，与在此海域同向航行的“浙玉机801”轮发生碰撞，致使“浙玉机801”轮进水沉没。事故造成损失122万元。

案例五：2015年5月9日，“闽狮渔07056”船航行至东经118°25′、北纬24°17′海域，与“闽光 188”货轮发生碰撞，“闽狮渔 07056”船艏凹陷，球鼻艏上侧断裂，“闽光 188”货轮沉没。事故造成损失 60 余万元。

案例六：2014 年 12 月 19 日，“浙象渔 47081”船在洋地航行至温岭石塘海域时，因船长操作不慎，疏于瞭望，不慎与同一海域锚泊的“金业 58”船发生碰撞，致使“浙象渔 47081”船球鼻艏及“金业 58”船尾受损，两船共计损失 15 万元。

案例七：2014 年 12 月 3 日，“浙奉渔 18025”船航行至佛渡岛北侧海域（东经 122°03.1′、北纬 29°47.5′）时，不慎与舟山籍干货船“义海 152”船碰撞，造成“义海 152”机舱破损进水后冲滩坐底，“浙奉渔 18025”船球鼻艏受损。“义海 152”船损失金额 120 余万元。

案例八：2014 年 11 月 6 日，“粤电 6”轮航行至东经 122°33′8″ 北纬 28°58′7″ 海域时与“浙台渔冷 32017”船发生碰撞，“粤电 6”轮球鼻艏撞损，“浙台渔冷 32017”船沉没，事故共造成损失 150 余万元。

案例九：2014 年 9 月 27 日，由南向北从福建开往上海的“闽恒 69”集装箱轮与由东往西开的“浙普渔 68985”船在舟山海域交叉相遇发生碰撞，事故中“浙普渔 68985”船的球鼻艏致使“闽恒 69”轮右舷货舱外板破裂，船舱迅速大量进水，最终导致该轮沉没。事故造成直接经济损失约 1 亿元左右。

触损事故

案例一：2016 年 2 月 2 日，“浙普渔 68832”船航行至舟山市普陀区沈家门港东港区朱家尖海峡大桥北面海域时，因天黑能见度差，驾驶船长未看到船体右舷前方有防护墩警示灯光显示，且前方海域有两艘航行船并排从朱家尖海峡大桥桥门下面通航主航道由南向北航行，为避免碰撞，该船立即减速，同时右转向避让一点马上向左回舵，然船长操纵液压舵手方向盘时发现舵机失灵，船舶无法向左回舵，导致该船球艏鼻及右侧外板撞上朱家尖大桥北面西侧 35 号防护墩，造成该船球艏鼻、右舷外板等严重受损；朱家尖大桥北面西侧 35 号防护墩坍塌受损。事故造成损失 80 余万元。

案例二：2015 年 9 月 12 日，“浙奉渔 18007”船去沈家门顺达源码头冲冰，由于倒车失灵，渔船碰撞浮动码头，导致渔船球鼻艏上侧受损，浮动码头沉没，钢撑变型。共计损失 17 万元。

参考文献

[1] Martin’s Marine Engineering Page. The bulbous bow what is it, and why? [EB/OL]. 2004 [2016-10-13]. http: //www.dieselduck.info/library/01 articles/bulbous_bows.htm.

[2] 张广思 . 水面舰艇球鼻艏设计中的几个问题 [J]. 舰船科学技术，1983（12）：1-11.

[3] 盛振邦，刘应中 . 船舶原理：上册 [M]. 上海：上海交通大学出版社，2003：260-264.

[4] 梁建生，谭文先 . 渔船减阻节能球艏的模型比较试验研究 [J]. 渔业现代化，2009，36（4）：54-56.

[5] 刘成岗，饶德生 . 海洋渔业船舶节能技术 [J]. 渔业现代化，2011，38（3）：62-65.

[6] 赵智萍 . 小型渔船球鼻艏减阻效果探讨 [J] . 大连水产学院学报，1998，13 (1)：70-74.

[7] 陶尧森，姚美旺 . 球鼻艏对渔船阻力和运动的影响 [J] . 上海交通大学学报，1985，19 (1)：39-55.

[8] 重满通弥，甲斐敬二 . 高速客船“红苍丸”消波船艏的研究 [R] . 日本：日本造船协会，1961.

[9] 李晓飚 . 船舶操纵性指数 K、T 计算机仿真数值模拟计算 [D] . 重庆：重庆交通大学，2008.

[10] 文周义 . 球鼻艏对船舶操纵性的影响及案例分析 [J] . 中国水运，2015 (2)：62-63.

[11] 盛振邦，刘应中 . 船舶原理：下册 [M] . 上海：上海交通大学出版社，2003：328-329.

[12] 周俊麟，谭庭寿 . 船体伴流与船舶推进效率的关系：评周锦宇的“船舶新推进理论”[J] . 船舶设计技术交流，1990 (3)：49-55.

[13] 盛振邦，刘应中 . 船舶原理：下册 [M] . 上海：上海交通大学，2003：41-50.

[14] 中国船级社 . 钢质海船入级规范 2015：第 2 分册 [M] . 北京：人民交通出版社，2015：130-134.

[15] 中华人民共和国渔业船舶检验局 . 钢质海洋渔船建造规范 [M] . 北京：人民交通出版社，2015：63-65.

[16] 龚进交，郑建丽 . 渔船装设球艏利弊再认识 [EB/OL] .2016 [2018-1-15] .http：//www.cssponline.com/plus/view.php?aid=3985.

图书在版编目（CIP）数据

中国渔业船舶安全分析报告：1994—2015 / 中国渔业互保协会编. —北京：中国农业出版社，2018.12
ISBN 978-7-109-25038-3

Ⅰ.①中… Ⅱ.①中… Ⅲ.①渔船-船舶安全-船舶管理-研究报告-中国-1994—2015 Ⅳ.U698

中国版本图书馆CIP数据核字（2018）第278635号

中国农业出版社出版
（北京市朝阳区麦子店街18号楼）
（邮政编码 100125）
责任编辑 闫保荣

北京通州皇家印刷厂印刷 新华书店北京发行所发行
2018年12月第1版 2018年12月北京第1次印刷

开本：889mm×1194mm 1/16 印张：6.5
字数：150千字
定价：100.00元

Analysis Report of China Fishery Vessel Safety

中国渔业船舶安全分析报告

（1994—2015）

中国渔业互保协会

中国农业出版社
北京